本册圖版由天津博物館授權使用。

馬德　呂義　主编

敦煌草書寫本識粹

法華義疏鈔

呂義　呂洞達　編著

社會科學文獻出版社
SSAP
SOCIAL SCIENCES ACADEMIC PRESS (CHINA)

《敦煌草書寫本識粹》編委會

顧問：鄭汝中

編輯委員會（以姓氏筆畫爲序）：

王柳霏　呂　義　呂洞達　段　鵬　姚志薇　馬　德　馬高强　陳志遠

盛岩海　張　遠

總序

一九〇〇年，地處中國西北戈壁深山的敦煌莫高窟，封閉千年的藏經洞開啓，出土了數以萬計的敦煌寫本文獻。其中僅漢文文書就有近六萬件，而草書寫本則有四百多件二百餘種。同其他敦煌遺書一樣，由於歷史原因，這些草書寫本分散收藏於中國國家圖書館、英國國家圖書館、法國國家圖書館、故宫博物院、上海博物館、南京博物院、天津博物館、敦煌市博物館、日本書道博物館等院館。因此，同其他書體的敦煌寫本一樣，敦煌草書寫本也是一百二十年來世界範圍内的研究對象。

（一）

文字是對所有自然現象、社會發展的記載，是對人們之間語言交流的記録，人們在不同的環境和場合就使用不同的書體。敦煌寫本分寫經與文書兩大類，寫經基本爲楷書，文書多爲行書，而草書寫本多爲佛教經論的詮釋類文獻。

敦煌草書寫本大多屬於聽講記録和隨筆，係古代高僧對佛教經典的詮釋和注解，也有一部分抄寫本和佛典摘要類的學習筆記；寫卷所採用的書體基本爲今草，也有一些保存有濃厚的章草遺韻。

敦煌草書寫本雖然數量有限，但具有不凡的價值和意義。

首先是文獻學意義。敦煌草書寫本是佛教典籍中的寶貴資料，書寫於一千多年前的唐代，大多爲聽講筆記的孤本，僅存一份，無複本，也無傳世文獻相印證，均爲稀世珍品、連城罕物，具有極高的收藏價值、文物價值、研究價值。而一部分雖然有傳世本可鑒，但作爲最早的手抄本，保存了文獻的原始形態，對傳世本錯訛的校正作用顯而易見；更有一部分經過校勘和標注的草書寫本，成爲後世其他抄寫本的底本和範本。所以，敦煌草書寫本作爲最原始的第一手資料可發揮重要的校勘作用；同時作爲古代寫本，保存了諸多引人注目的古代異文，提供了豐富的文獻學和文化史等學科領域的重要信息。

其次是佛教史意義。作爲社會最基層的佛教宣傳活動的内容記録，以通俗的形式向全社會進行佛教的普及宣傳，深入社會，反映了中國大乘佛教的「入世」特色，是研究佛教的具體信仰形態的第一手資料。通過對敦煌草書寫本文獻的整理研究，可以窺視當時社會第一綫的佛教信仰形態，進而對古代敦煌以及中國佛教進行全方位的瞭解。

再次是社會史意義。多數草書寫本是對社會最基層的佛教宣傳活動的内容記録，所講内容緊貼社會生活，運用民間方言，結合風土民情，特别是大量利用中國歷史上的神話傳説和歷史故事來詮釋佛教義理，展現出宣講者淵博的學識和對中國傳統文化的認知。同時向世人展示佛教在社會發展進步中的歷史意義，進一步發揮佛教在維護社會穩定、促進社會發展方面的積極作用，也爲佛教在當今社會的傳播和發展提供歷史借鑒。另外有少數非佛典寫本，其社會意義則更加明顯。

最後是語言學的意義。隨聽隨記的草書寫本來源於活生生的佛教生活，內容大多爲對佛經的注解和釋義，將佛教經典中深奧的哲學理念以大衆化的語言進行演繹。作爲聽講記録文稿，書面語言與口頭語言混用，官方術語與民間方言共存；既有佛教術語，又有流行口語……是没有經過任何加工和處理的原始語言，保存了許多生動、自然的口語形態，展示了一般書面文獻所不具備的語言特色。

當然還有很重要的兩點，就是草書作品在文字學和書法史上的意義。其一，敦煌草書寫本使用了大量的異體字和俗體字，這些文字對考訂相關漢字的形體演變，建立文字譜系，具有重要的價值，爲文字學研究提供了豐富的原始資料。其二，草書作爲漢字的書寫體之一，簡化了漢字的寫法，是書寫進化的體現。敦煌寫本使用草書文字，結構合理，運筆流暢，書寫規範，書體標準，傳承有序；其中許多草書寫卷，堪稱中華書法寶庫中的頂級精品，許多字形不見於現今中外草書字典。這些書寫於千年之前的草書字，爲我們提供了大量的古代草書樣本，所展示的標準的草書文獻，對漢字草書的書寫和傳承有正軌和規範的作用，給各類專業人員提供完整準確的研習資料，爲深入研究和正確認識草書字體與書寫方法，解決當今書法界的很多争議，正本清源，提供了具體材料，從而有助於傳承中華民族優秀傳統文化。同時，一些合體字，如「卄」（菩薩）、「卅」（菩提）、「卅」、「卌」或「夬」（涅槃）等，個別的符代字如「煩々」（煩惱）等，可以看作速記符號的前身。

總之，敦煌草書寫本無論是在佛教文獻的整理研究領域，還是對書法藝術的學習研究，對中華民族優秀傳統文化的傳承和創新都具有深遠的歷史意義和重大的現實意義，因此亟須挖掘、整理和研究。

（二）

遺憾的是，敦煌遺書出土歷兩個甲子以來，在國內，無論是學界還是教界，大多數研究者專注於書寫較爲工整的楷書文獻，對於字迹較難辨認但内容更具文獻價值和社會意義的草書寫本則重視不够。以往的有關成果基本上散見於敦煌文獻圖録和各類書法集，多限於影印圖片，釋文極爲少見，研究則更少。這使草書寫本不但無法展現其内容和文獻的價值意義，對大多數的佛教文獻研究者來講仍然屬於「天書」；而且因爲没有釋文，不僅無法就敦煌草書佛典進行系統整理和研究，即使是在文字識别和書寫方面也造成許多誤導——作爲書法史文獻也未能得到正確的認識和運用。相反，曾有日本學者對部分敦煌草書佛典做過釋文，雖然每見訛誤，但收入近代大藏經而廣爲流傳。此景頗令國人汗顔。

敦煌文獻是我們的老祖宗留下來的文化瑰寶，中國學者理應在這方面做出自己的貢獻。三十多年前，不少中國學人因爲受「敦煌在中國，敦煌學在外國」的刺激走上敦煌研究之路。今天，中國的敦煌學已經走在世界前列，但是我們不得不承認，還有一些領域，學術界關注得仍然不够，比如説對敦煌草書文獻的整理研究。這對於中國學界和佛教界來説無疑具有强烈的刺激與激勵作用。因此，敦煌草書寫本的整理研究不僅可以填補國内的空白，而且在一定程度上仍然具有「誓雪國耻」的學術和社會背景。

爲此，在敦煌藏經洞文獻面世一百二十年之際，我們組織「敦煌草書寫本整理研究」項目組，計劃用八年左右的時間，對敦煌莫高窟藏經洞出土的四百多件二百餘種草書寫本進行全面系統的整理研究，内容包括對目前已知草書寫本的釋録、校注和内容、背景、草書文字等各方面的研究，以及相應的人才培養。這是一項龐大而繁雜的系統工程。「敦煌草書寫本識粹」即是這一項目的主要階段性成果。

（三）

「敦煌草書寫本識粹」從敦煌莫高窟藏經洞出土的四百多件二百餘種草書寫本中選取具有重要歷史文獻價值的八十種，分四輯編輯爲系列叢書八十册，每册按照統一的體例編寫，即分爲原卷原色圖版、釋讀與校勘和研究綜述三大部分。

寫本文獻編號與經名或文書名。編號爲目前國際通用的收藏單位流水號（因竪式排版，收藏單位略稱及序號均用漢字標識），如北敦爲中國國家圖書館藏品，斯爲英國國家圖書館藏品，伯爲法國國家圖書館藏品，故博爲故宫博物院藏品，上博爲上海博物館藏品，津博爲天津博物館（原天津市藝術博物館併入）藏品，南博爲南京博物院藏品等；卷名原有者襲之，缺者依内容擬定。對部分寫本中卷首與卷尾題名不同者，或根據主要内容擬定主題卷名，或據全部内容擬定綜述性卷名。

釋文和校注。竪式排版，採用敦煌草書寫本原件圖版與釋文、校注左右兩面對照的形式：展开後右面爲圖版頁，左面按原文分行竪排釋文，加以標點、斷句，並在相應位置排列校注文字。釋文按總行數順序標注。在校注中，爲保持文獻的完整性和便於專業研究，對部分在傳世大藏經中有相應文本者，或寫本爲原經文縮略或摘要本者，根據需要附上經文原文或提供信息鏈接；同時在寫本與傳世本的異文對照、對比方面，進行必要的注釋和説明，求正糾誤，去僞存真。因草書寫本多爲聽講隨記，故其中口語、方言使用較多，校注中儘量加以説明，包括對使用背景與社會風俗的解釋。另外，有一些草書寫本有兩個以上的寫卷（包括一定數量的殘片），還有的除草書外另有行書或楷書寫卷，在校釋中以選定的草書寫卷爲底本，以其他各卷互校互證。

研究綜述。對每卷做概括性的現狀描述，包括收藏單位、編號、保存現狀（首尾全、首全尾缺、尾缺、尾殘等）、寫本内容、時代、作者、抄寫者、流傳情況、現存情況等。在此基礎上，分内容分析、相關的歷史背景、獨特的文獻價值意義、書寫規律及其演變、書寫特色及其意義等問題，以歷史文獻和古籍整理爲主，綜合運用文字學、佛教學、歷史學、書法學等各種研究方法，對精選的敦煌草書寫本進行全面、深入、系統的研究，爲古籍文獻和佛教研究者提供翔實可靠的資料。另外，通過對草書文字的準確識讀，進一步對其中包含的佛教信仰、民俗風情、方言術語及其所反映的社會歷史背景等進行深入的闡述。

與草書寫本的整理研究同時，全面搜集和梳理所有敦煌寫本中的草書文字，編輯出版敦煌草書寫本字典，提供標準草書文字字形及書體，分析各自在敦煌草書寫本中的文字和文獻意義，藉此深入認識漢字的精髓，在中國傳統草書書法方面做到正本清源，又爲草書文字的學習和書寫提供準確、規範的樣本，傳承中華優秀傳統文化。在此基礎上，待條件成熟時，編輯「敦煌寫卷行草字典合輯」，也將作爲本項目的階段性成果列入出版計劃。

「敦煌草書寫本識粹」第一輯有幸得到二〇一八年國家出版基金的資助；蘭州大學敦煌學研究所將「敦煌草書文獻整理研究」列爲所内研究項目，並争取到學校和歷史文化學院相關研究項目經費的支持；部分工作列入馬德主持的國家社會科學基金重大項目「敦煌遺書數據庫建設」，並得到了適當資助，保證整理、研究和編纂工作的順利進行。

希望「敦煌草書寫本識粹」的出版，能够填補國内敦煌草書文獻研究的空白，開拓敦煌文獻與敦煌佛教研究的新領域，豐富對佛教古籍、中國佛教史、中國古代社會的研究。

由於編者水平有限，錯誤之處在所難免。我們殷切期望各位專家和廣大讀者的批評指正。同時，我們也將積極準備下一步整理研究敦煌草書文獻的工作，培養和壯大研究團隊，取得更多更好的成果。

是爲序。

馬德　吕義

二〇二一年六月

釋校凡例

一、本册對天津博物館藏津藝三〇四號寫本（文中稱「唐本」）進行釋校。這是對該寫卷的首次釋校，並無其他録本可作參照，僅以《大正藏》所收吉藏《法華義疏》作他校，文中引用傳世佛教文獻的，亦予以他校。其餘文字全憑自家草書功底，由十數年自釋敦煌草書卷子摸索而來。字與斷句，訛誤必多，敬請大方之家不吝指正。釋文皆由王淑琴（筆名王柳霏）共校之，書以致謝。

二、釋録時，對於筆畫清晰可辨，有可嚴格對應的楷化異體字者（與通用字構件不同），使用對應的楷化異體字；不能嚴格對應的（含筆畫增減、筆順不同等），一般採用《漢語大字典》釐定的通用規範繁體字。對「己、已、巳」常見易混字隨文義録出。凡俗字於其首次出現時加注。

凡爲歷代字書所收有淵源的異體字（含古字，如仏、礼等；俗字，如霊、㝵等）、假借字，一般照録。

凡唐代官方認可並見於正楷寫卷及碑刻而與今簡化字相同者，有的即係古代正字（如万、无、与等），爲反映寫卷原貌，均原樣録出。

無法識别的文字以□代之。

三、録文一律使用校正後的文字和文本，並對原卷仍存的錯訛衍脱等情況進行校勘，在校記中加以説明。鑒於古人徵引文獻時隨文就義，標點時引號僅用於標示所引經義起訖或所引其他論疏。

四、對於寫卷中所用的佛教特殊用字，如上下疊用之合體字卄（菩薩）、卅（菩提），「丗」、「卌」或「夵」（涅槃）、「薚」（菩提）、薙（薩埵）、蔢（薩婆）等，或符代字如「煩々」（煩惱）等，均以正字釋出。

目録

津博藏《法華義疏鈔》釋校

聖衆之疑。如爲後滯小大爲而不拔。久乃宣說。就之一亦法爲第
九自說得如是下九三行偈正陳所疑之法。開爲義初之三句陳
仏自說。第二不可思議法陳仏自歎。第三道場所得法下五句得
文稱有。第一自說所由。第四稱歎所行道下三句偈文稱有第二自
歎所以。初二可稱。第三以中道場所得法花无能發問者明仏實
智无人能問。就之雖可惻上无能問者明仏權智无人能問无
問而自說者由无人能問。就結成自說以初從空起无人能問仏自
宣說權實二智。就云无問而自說此第二竟。第四以中稱歎所行
道者仏自歎因智甚深妙。諸仏之所得者仏自歎果。
上來第一陳所疑之法竟　　自下第二出能疑之人誦上中疑
上長行先申自疑後申衆疑。今偈誦逆。近先誦衆疑誦後自疑。四

聖衆之疑如為[一]没逕，非大為而不拔。久乃宣說，故知一乘法爲[二]希有。自說得如是，下有三行偈，正牒所疑之法。開爲[三]義，初之三句，牒仏[四]自說，弟[五]二「不可思議法」，牒仏自歎，弟三「道場所得法」下五句得文解前弟一自說所由，弟四「稱歎所行道」下三句偈文釋前弟二自歎所以。初二可解。弟三段中「道場所得法花[六]，无能發問」者，明仏實智，无人能問。「我意難可惻[七]，亦无能問」者，明仏權智无人能問。「无問而自說」者，由无人能問，故結成自說，以初從定起，无人能問，仏自宣說權實二智，故云无問而自說。此弟三竟。弟四段中「稱歎所行道」者，仏自歎因智恵[八]甚深妙。「諸仏之所得」者，仏自歎果。

上來弟一，牒所疑之法竟。自下弟二出能疑之人，誦上申疑。

上長行，先申自疑，後申衆疑。今偈誦逐近，先誦衆疑，誦後自疑。四

校注

【一】「為」，《漢語大字典》：「為」，同「象」。《集韻·養韻》：「象，古作為。」【二】「爲」，唐代碑刻及唐代寫卷每亦作「為」。【三】「爲」，據下文，當補「四」字。【四】「仏」，《正字通·人部》：「仏，古文佛。」【五】「弟」，古「第」字。【六】「花」，《法華經》卷一無。【七】「惻」，《法華經》卷一作「測」。【八】「恵」，同「惠」，字形見於秦漢簡帛、碑刻及王羲之《蘭亭序》。

行半偈開爲二義初三行偈誦上衆疑第二於請發問衆仏說教
第一下一行半偈誦上自疑誦衆疑中開爲三義初一行偈誦發問
衆疑第二其求緣覺者比丘比丘尼誦緣覺衆疑第三諸天
龍鬼下一行半偈誦凡夫衆疑誦自疑中小乘果智望菩薩小因則是
究竟法望大果則是所行道
上來第一八行偈文誦申
疑竟自下第二誦上第二請仏使通上長行文略直云唯願世尊敷
演斯事下偈則廣爲三行偈初一行偈明二乘請說後兩行偈
辯三衆樂聞初言仏口所生子者二乘之人從仏口說教化而
生名仏口所生子菩薩是權而非實請之時以實爲說故云時爲
如實說之可擬聽者之名之爲時請仏以實速爲宣說名時爲

行半偈，開爲二義：初三行偈，誦上衆疑；弟二「於[一]諸聲聞衆，仏說我弟一」下一行半偈誦上自疑。誦衆疑中開爲三義：初一行偈，誦聲聞衆疑；弟二其求緣[二]覺者，比丘、比丘尼誦緣覺衆疑；弟三「諸天龍鬼」下一行半偈，誦凡[三]夫衆疑。誦自疑中，小乘果智望[四]昔小因則是究竟法，望今大果則是所行道。上來弟一八行偈文誦中疑竟。自下弟二誦上弟二諸仏決[五]通，上長行文略，直云唯願[六]世尊敷演斯事。今偈則廣有三行偈，初一行偈明二乘請說，後兩[七]行偈辯三衆樂聞。初言「仏口所生子」者，二乘之人從仏口說教化而生，名「仏口所生子」。昔教既權而非實請，今時如實爲說，故云「時爲如實說」。亦可機熟，在今名之爲時。請仏如實速爲宣說，名「時爲

校注

【一】「於」，唐本作「扵」，敦煌寫卷中「方」旁與「扌」旁每混。《新加九經字樣》：作「扵」者訛。釋文録作「於」。【二】「緣」，唐本「彖」上部「彑」作「彐」，部首同，「緣」、「縁」字同。【三】「凡」，乃「凡」之俗字。【四】「望」，唐本字形似「朢」。《法華義疏》卷三：「頌自疑，若望昔教則是究竟法。」【五】「決」，唐本「決」、「决」並存。《玉篇・冫部》：「决，俗決字」。此釋文統一用「決」。【六】「願」，唐本左旁「厂」下作「貝」，乃「願」之俗字。【七】「兩」，自秦漢簡帛隸書至北魏、唐楷及敦煌小楷寫卷，「兩」多作「兩」。

如實說下此三義集同一恒河天龍眾二八万菩眾三万修福王
眾昔說二乘究為半字不名具足々々滿一乘滿字教以名具足
之
自下第二世尊所答人天同說聲疑故止問曰但
宜一止何故重云止々耶答智度論云善之至也重稱善哉々々止
中之極每言止々々々可二乘不拜故須一止人天不拜故重云止
々又人々与天同說聲疑所以重云止々依法華論有五種聲聞
一擯聲聞謂決定性聲聞此人昔聞小教成羅漢々々計實々々息聞
大便謗故以為無以無謗互懷名之為擯如導其執稱為聲
聞故名擯聲聞二多事聲聞謂退菩提心聲聞此人本發大心
聞求諸佛大果中間須行八万四千波羅蜜行後經三大阿僧祇
劫雖欲鼓玄悔於法俍怯長疲而自息故名多事聲聞三嶮
倒聲聞謂於菩提凡夫一切諸法空寂無取嶮倒心故撰計為取

如實說」。下明三衆樂聞，一恒沙天龍衆，二八万菩薩衆，三万億輪王衆。昔說二乘，既爲半字，不名具足。今演一乘，滿[一]字教門，名具足道。自下弟二世尊酌[二]答人天聞說驚疑，故止問。曰[三]：但應一止，何故重言止止？解云：《智度論》云「喜之至也，重稱善哉」，今止中之極，再言止止亦可。二乘不解，故須一止。人天不解，故重言止止。又人之与天聞說驚疑，所以重言止止？依《法華論》，有五種驚怖。一損驚怖，謂決定性聲聞，此人昔聞小教，即尋聲以計實，今忽聞大，便謗有以爲无。以无謗互懷名之爲損，有違其執稱爲驚怖，故名損怖。二多事驚怖，謂退菩提心，聲聞此人本發大心，悕求諸仏大果。中間須行八万四千波羅蜜行，後經三大阿僧祇刧。雖欲鼓玄掉於法流[四]，怯長波而自息，故名多事驚怖。三巔倒驚怖，謂外道凡夫一切諸法空寂无我，巔倒心故横計有我，

校注

【一】「滿」，唐本「氵」旁如「土」。《十七帖》中「沖」、「漢」有此形。【二】「酌」，「勺」中少點。【三】「曰」，唐本字形似「日」。【四】「鼓玄掉於法流」，唐本作「鼓玄悼於法依」，據《法華問答》改。

問從无執驚而且怖故名顛倒驚怖四悔驚怖謂宜化聲聞耶
乃大機菩情存救物寔非小而言小雖不悔而悔就迹而談
此悔乃是怖故名悔驚怖五難驚怖謂增上慢聲聞以來機云
昔是汝父々三非翻是作非此謂為難因難生怖故名難驚怖此之
五種驚怖揔攝大乘小乘凡夫之与聖人内外略盡
自下第三身子舉彼利根智重問仏所說則殷懃請是以故重請
先長行後偈誦長行有二初先正請所以下釋對上止々重云唯
然二乘殷信故云唯然人天堪受重云唯然就釋之小舉而過去
世尊見諸仏利根智重問說殷懃々釋請也偈誦之中法王无
上尊者歎仏人尊仏於諸法得勝自在故名法王一切聖衆更
无過者稱无上尊唯說願勿慮誦上正請是會无量衆有

聞說无我驚而且怖，故名巔倒驚怖。四悔驚怖，謂應化聲聞，斯乃大權菩薩情存弘[一]物，實非小而言小，雖不悔而言悔，就迹而談，此悔即是怖，故名悔驚怖。五誑驚怖，謂增上慢聲聞，如來權言昔是，今復[二]言非，翻是作非，此謂爲誑，因誑生怖，故名誑驚怖。此之五種驚怖，捴攝大乘小乘，凡夫之与聖人，内外略盡。

自下第三，身子舉彼利根智恵，聞仏所說，則能敬信，是故重請。先長行，後偈誦。長行有二，初先正請，所以下釋。對上「止止」，重言「唯願」。二乘能信，故言唯願人天堪受。重言「唯願」就釋之中舉過去世嘗見諸仏利根智恵，聞說敬信，以釋請也。偈誦之中，「法王无上尊」者，歎仏，人尊仏，於諸法得勝自在，故名法王[三]，一切聖衆更无過者，稱无上尊。「唯說願勿慮」誦上正請，「是會无量衆，有

校注

【一】「弘」，同「引」。【二】「今復」，唐本作「復今」，中有倒乙符。【三】「王」，唐本原作「汪」，後將「氵」抹去，留下淡痕。

然教信者誦上釋請
自下第四世尊重舉人天大
衆同從發疑并舉增上慢比丘同從誹謗將墮大坑故須
止先長行後偈誦長行之中佛復止舍利弗者總標止也須下釋
中自重三云止々云々至增上慢比丘不然信受故但三云止前上標其
發疑之怖々止遏其墮陷之實若從是已下釋之中有二初明
人天大衆同從發疑所以須止後顯增上慢比丘同從誹謗將
墮大坑故須止凡從大坑有其三種一謗法邪見名為大坑
二謗法惡業亦名大坑此二惡因由起邪見謗法惡業當
墮阿鼻大地獄中之受苦重牢復不然出因中從果故名大坑三阿
鼻地獄名為大坑此一苦果之事起謗來生必墮故三云將墮由
然謗之罪甚深則所墮之坑上大恐生謗墮坑故止而不說也偈

四五 能敬信者」，誦上釋請。自下弟四，世尊重舉人天大
四六 衆聞説驚疑，并舉增上慢比丘聞説誹謗將墜大坑，故復須
四七 止。先長行，後偈誦。長行之中，仏復止舍利弗者，捴摽止也。准下釋
四八 中，應重言止止，意主增上慢比丘不能信受，故但言止。前止杜其
四九 驚疑之怖，今止遏其墜陷之災。若説是事，下釋釋中有二，初明
五〇 人天大衆聞説驚疑，所以須止；後顯增上慢比丘聞説誹謗將
五一 墜大坑[一]，故復須止。凡論大坑，有其三種。一謗法邪見，名爲大坑。
五二 二謗法悪[二]業，亦名大坑。此二悪因由起悪邪見，謗法悪業，當
五三 墜阿阜[三]大地獄中，受苦重牢，没不能出。因中説果，故名大坑。三阿
五四 阜地獄，名爲大坑。此一苦果。今身起謗，來生必墮[四]，故言將墜。由
五五 能謗之罪既深，則所墜之坑亦大。恐生謗墜坑，故止而不説也。偈

校注

【一】「坑」，右下「几」，唐本作「凡」，亦有「几」字中作二點者，皆是俗字。本卷釋文皆釋「坑」，「坑」之俗字不再另注。【二】「悪」，《玉篇·心部》：「悪」同「惡」。【三】「阜」，「鼻」之俗字。【四】「墮」，《龍龕手鑑·土部》：「墮」，同「墮」。今爲「墮」的簡化字。

誦文中上〻不須說者誦總標止長行止増上慢比丘将墜大坑故
但一止〻偈誦中人天大衆同說驚疑所以須止増上慢比丘同說
誹謗将墜大坑故重云止〻下〻三句誦上釋止
自下第五中子舉彼自已之請當來佛化同必發信多所饒益
是故重請先長行後偈誦就長行中初先正請唯〻願〻說〻之〻
佛為人天驚疑及増上慢起謗故重云止〻〻〻立為二人一者如故
殊勝故二云唯願二者自已之請當來佛化同必發信多所饒益所
以重云唯願〻〻說下釋〻此會中如故求此世〻已曾從佛受化必能
發信者遠爲爲諸曾從大通智勝佛受化近爲爲法釋迦過去
為菩薩時已曾受化近〻成佛〻從受化舉此勝緣以要請也文孔
可知偈誦〻中四行〻二初一行偈歎佛人當誦上正請後三行偈誦

五六 誦文中止止不須説者，誦摠摽。止長行主增上慢比丘將墜大坑，故
五七 但一止。今偈誦中人天大衆聞説驚疑，所以須止。增上慢比丘聞説
五八 誹謗將墜大坑，故重言止止。下之三句誦上釋止。
五九 自下弟五，身子舉彼自己之流曾受仏化，聞必敬信，多所饒益，
六〇 是故重請。先長行，後偈誦。就長行中，初先正請，「唯願説之，唯願説
之」。
六一 仏爲人天驚疑及增上慢起謗，故重言止止。今亦爲二人，一者如我
六二 能解，故言唯願，二者自己之流曾受仏化，聞必敬信，多所饒益，所
六三 以重言唯願。今此下釋，今此會中，如我等比，世世已曾從仏受化，必能
六四 敬信者。遠而爲論，曾從大通智勝仏受化。近而爲語，釋迦過去
六五 爲菩薩時，已曾受化，至今成仏，亦從受化。舉此勝緣，以要請也。文相
六六 可知偈誦之中，四行分二。初一行偈，歎仏人尊，誦上正請。後三行偈，誦

校注

上釋請无上尊是當歎仏人當亦說者一法教爲仏長子唯垂分
別說者論上正請一乘好果勝過二乘名者一法從仏教化長養爲
生名教爲仏長子論釋請中三行偈文分之爲二初一行半論
上釋請後一行半弟子舉衆重請仏說初言是會无量衆能信
敬此法仏已曾世世教化如是等者論上長行此會中如我等比
百千万億世世已曾從仏受化如此人等必能敬信上長行舉世世
已曾從仏受化以釋請偈誦中舉仏已曾世世教化猶左右也
皆一心合掌欲聽受仏語者明請儀則也舉衆請中分之爲三初
半行偈弟子舉衆次半行偈重請仏說後半行偈明說利益大衆
聞仏說一乘好法定知未來並皆成仏所以是等聞此法則生大
歡喜歟下二根聲聞及分別功德品諸大士等皆大歡喜也

上釋請。「无上兩足尊」，歎仏人尊。「願説弟一法，我爲仏長子，唯埀[一]分別説」者，誦上正請。一乘妙果勝過二乘，名弟一法。從仏教化，長養而生名，我爲仏長子。誦釋請中三行偈文，分之爲二，初一行半誦上釋請，後一行半身子舉衆重請仏説初言。「是會无量衆，能敬信[二]此法，仏已曾世世，教化如是等」者，誦上長行，「今此會中，如我等比百千万億，世世已曾從仏受化，如此人等，必能敬信」。上長行舉世世已曾從仏受化，以釋請。今偈誦中舉仏已曾世世教化，語之左右也。「皆一心合掌，欲聽受仏語」者，明請儀則也。舉衆請中，分之爲三。初半行偈，身子舉衆。次半行偈，重請仏説。後半行偈，明説利益。大衆聞仏説一乘妙法，定知未來並皆成仏，所以是等聞此法則生大歡喜。故下三根聲聞及《分別㓛[三]德品》諸大士等，皆大歡喜也。

校注

【一】「埀」，字同「垂」。【二】「敬信」，唐本作「信敬」，中有倒乙符。【三】「㓛」，「功」之俗字。

自下第三廣開三顯一斷疑生信門問曰々此廣文与上略説有何異
答曰六頌受第一義者上略開三顯一動生疑々廣開三顯一斷
疑生信此別廣略一頌受第二義者上略開三顯一吾唯利根菩薩乃悟
故上偈云除諸菩薩衆信力堅固者々廣開三顯一適三根聲聞得悟
故下三根聲聞各陳領悟此別適吾一頌受第三義者上略開三顯
一振動二乘人執生三二之疑々廣開三顯一破爲三根聲聞三周
説法令斷二乘疑執生一乘信解此別振動一頌
第四義者上略開三顯一是之稱歎門歎實智爲甚深美權智爲
難解令捨著權趣入令實々廣開三顯一是之授法門廣顯三乘
是方便令三乘爲不信廣顯一乘是之真使敢爲信受辭如良醫妙藥
治病之具二門一歎藥門二授藥門然後服藥病患消除諸仏

七八 自下弟三，廣開三顯一斷疑生信。問曰：今此廣文与上略說有何差
七九 別？解云：六雙異。弟一義者，止略開三顯一動生疑，今廣開三顯一斷
八〇 疑生信，此則廣略一雙。弟二義者，上略開三顯一，咼[一]唯利根菩薩了悟，
八一 故上偈云「除諸菩薩衆，信力堅固者」；今廣開三顯一，通三根聲聞得解，
八二 故下三根聲聞各陳領悟。此則通咼一雙。弟三義者，上略開三顯
八三 一，捻動二乘人執生三一之疑，今廣開三顯一，別爲三根聲聞三周
八四 說法，令斷二乘疑執，生一乘信解。此則捻別一雙。
八五 弟四義者，上[二]略開三顯一，是稱歎門，歎實智爲甚深，美權智爲
八六 難解，令捨昔權，趣入令實；今廣開三顯一，是授法門，廣顯三乘
八七 是方便，令棄而不從，廣顯一乘是真，使皈[三]而信受。譬如良醫妙藥
八八 治病，亦具二門，一歎藥門，二授藥門，然後服藥，病患消除。諸仏

校注

【一】「咼」，同「局」。又見八二、四三二、四三四行。唐本上作「弔」、下作「口」，秦公、劉大新《碑別字新編》（修訂本）「局」下收此形。【二】「上」，唐本小字補。【三】「皈」，字同「皈」。

說法要具二門先歎一乘好藥後破二乘執病此明歎授一段
第四義者上明開三顯一是稱歎門歎實智爲甚深美權智爲難
解今捨昔權趣入今實々々廣開三顯一是權法門廣顯三乘是方
便々々藥而不從廣顯一乘是真實々々使服而後々受譬如良醫
難解々々捨昔權趣入々々實々々廣開三顯一是權法門廣顯三乘是方
便々々藥而不從廣顯一乘是真實々々使服而後々受譬如良醫好藥治
病々具二門一歎藥門二授藥門然後眼藥病患消除請佛說
法要具二門先歎一乘好藥後破二乘執病此明歎授一段
第五義者上明開三顯一塞斥二乘々服實々一々々廣開三顯一顯破二
乘顯明於一以三執難傾一乘難信先塞後顯此明顯塞一段
第六義者抑制請佛說法儀式凡有三門一者自說門如大品經

說法要具二門，先歎一乘妙藥，後破二乘執病。此則歎授一雙。

第四義者，上略開三顯一，是稱歎門，歎實智爲甚深，美權智爲難[一]解，令捨昔權，趣入令實。今廣開三顯一，是授法門，廣顯三乘是方便，令棄而不從，廣顯一乘是真實，使皈而信受。譬如良醫。

難解，令捨昔權，趣入令實。今廣開三顯一，是授法門，廣顯三乘是方[二]便，令棄而不從，廣顯一乘是真實，使皈而信受。譬如良醫妙藥治病，亦具二門，一歎藥門，二授藥門，然後服藥，病患消除。諸仏說法要具二門，先歎一乘妙藥，後破二乘執病。此則歎授一雙。

第五義者，上略開三顯一，密斥二乘令皈一實[三]；今廣開三顯一，顯破二乘顯明於一。以三執難傾，一乘難信，先密後顯，此則顯密一雙。乙[四]。

第六義者，揔判[五]諸仏說法儀式，凡有三門。一者自說門，如《大品經》，

校注

【一】九〇行至九二行，重抄八五行至八七行之文。【二】九三行至九六行，重抄八六行至八九行之文。【三】「一實」，唐本作「實一」，中有倒乙符。【四】「乙」，朱筆雜寫字。【五】「判」，形似「戒」。又見四七七、四八二行。

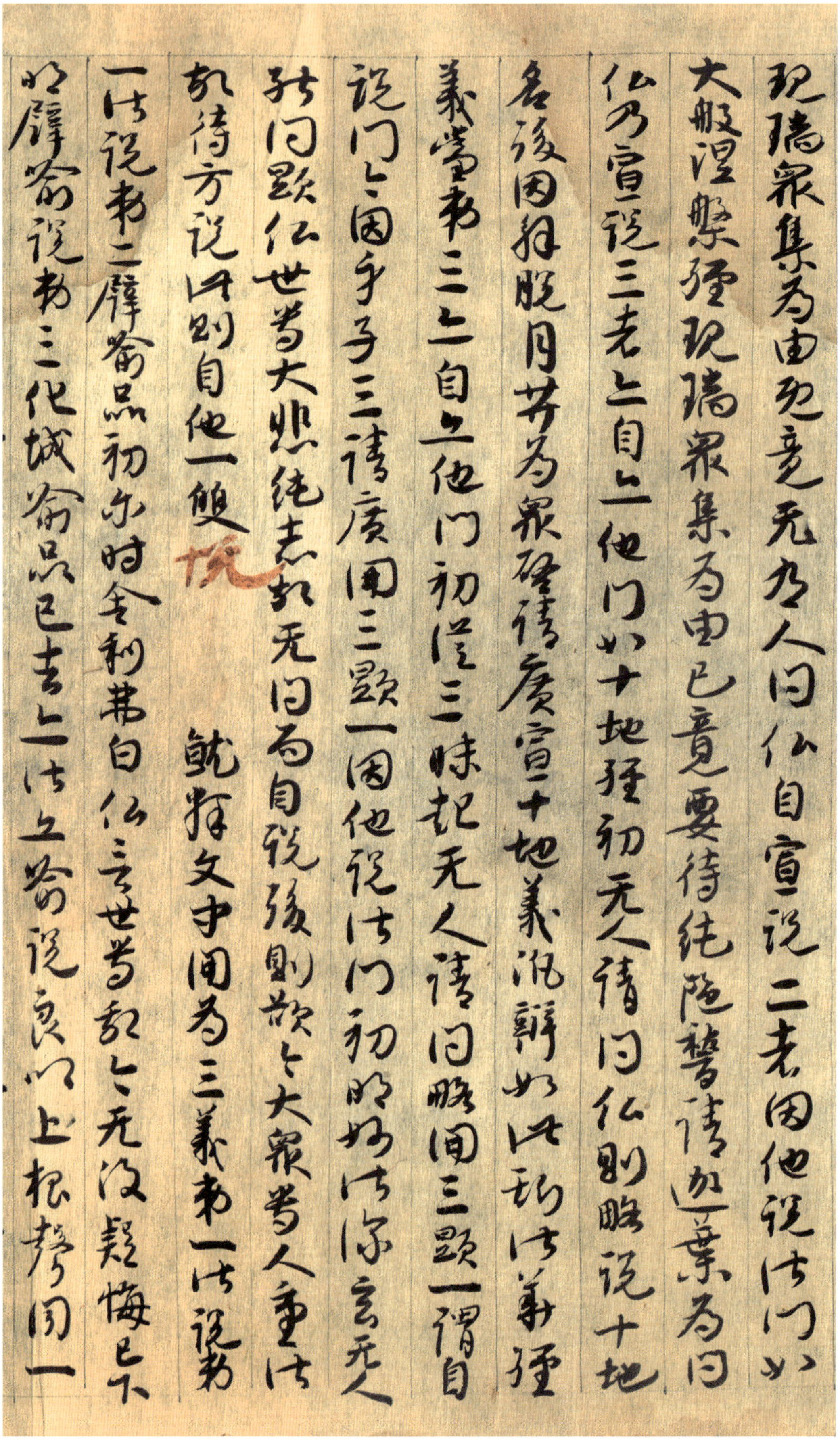

一〇〇 現瑞，衆集爲由[二]，既竟，无有人問，仏自宣説。二者因他説法門，如

一〇一 《大般涅槃經》，現瑞，衆集爲由，已竟，要待純陁稽請迦葉爲問，
一〇二 仏乃宣説。三者亦自亦他門，如《十地經》，初无人請問，仏則略説十地
一〇三 名，後因解脱月菩薩爲衆啓請，廣宣十地義。汎[二]辯如此。斯《法華經》
一〇四 義，當弟三亦自亦他門。初從三昧起，无人請問，略開三顯一，謂自
一〇五 説門。今因身子三請，廣開三顯一，因他説法門。初明妙法深玄，无人
一〇六 能問，顯仏世尊大悲純志，故无問而自説。後則欲今大衆尊人重法，
一〇七 故待〔請〕[三]方説。此則自他一雙。悦[四]。就釋文中，開爲三義，弟一法説，
弟
一〇八 二譬説，弟三亦法亦譬説。[五]初「尔時舍利弗白仏言：世尊我今无復疑悔」已
下
一〇九 明譬喻説。弟三《化城喻品》，已去亦法亦喻説。[六]良以上根聲聞，一

校注

【一】「爲由」，《法華義疏》卷三無。【二】「汎」，同「汎」，見於魏碑。【三】「請」，唐本無，據《法華義疏》卷三補。【四】「悦」，朱筆字。

【五】「二譬説，弟三亦法亦譬説」，唐本作「一法説，弟二譬喻品」，據《法華義疏》卷三改。【六】《法華義疏》卷三：「故《化城》之前名爲法説，《化城》之後稱爲譬説。又示諸佛内有無礙之智，外有無方之辨，能於一義作種種説，所説雖多不出法之與譬及亦法亦譬。」

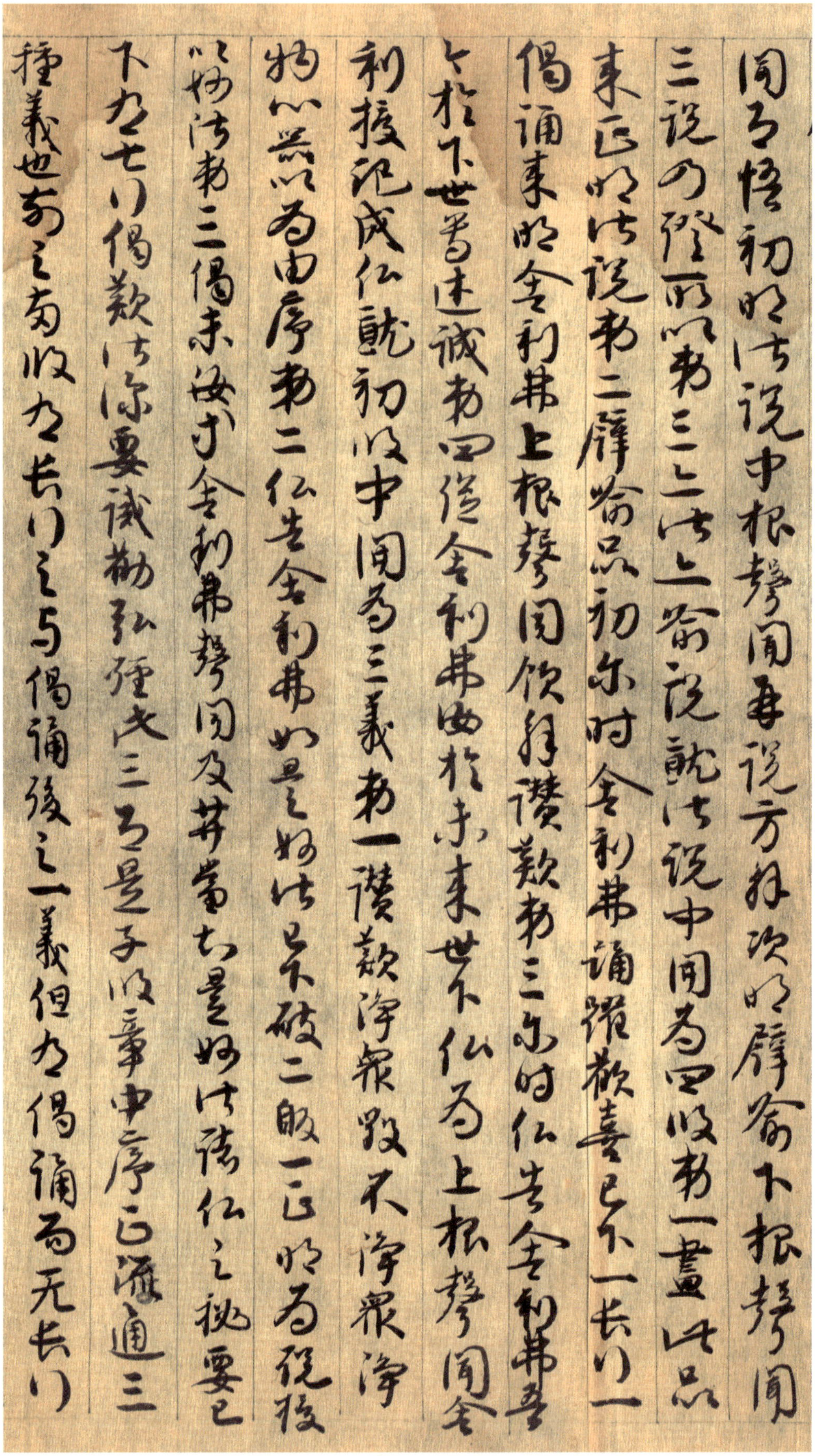

二〇

聞即悟。初明法說，中根聲聞，再說方解，次明譬喻，下根聲聞，

二一 三說乃證所以，弟三亦法亦喻說。就法說中，開爲四段。弟一，盡此品
二二 來，正明法說。弟二，《譬喻品》，初「尒時舍利弗踊躍歡喜」已下，一長
行，一
二三 偈誦來，明舍利弗上根聲聞領解讚歎。弟三，「尒時仏告舍利弗：吾
二四 今於」下，世尊述誠[一]。弟四，從「舍利弗，汝於未來世」下，仏爲上根聲聞
舍
二五 利授記成仏。就初段中，開爲三義。弟一讚歎浄衆，毀不浄衆，浄
二六 物心器，以爲由序。弟二「仏告舍利弗：如是妙法」已下破二皈一，正明爲
說，授
二七 以妙法。弟三偈末「汝等舍利弗，聲聞及菩薩，當知是妙法，諸仏之祕要」已
二八 下有七行偈歎法深要，誡勸弘經。此三即是子段章中序正流通三
二九 種義也。前之兩段有長行之与偈誦，後之一義但有偈誦而无長行。

校注

【一】「世尊述誠」，《法華義疏》卷三作「如來述成」。

由序三義第一世尊勅聽許為宣說第二說是語時會中已下
簡不淨衆第三尒時佛告舍利弗汝々以下讚歎淨衆初中三義
一明不得不說以三請於前殷懃並上業門不說二正明勅聽汝々聽
諦善思念之諦者審也諦聽々々生聞慧諦思々々生思慧善念之々
生修慧又諦聽得文善思得義念然後持文義不失並救勅上
可諦聽々々對散亂心以不受怒善思々々對顛倒心以不見怒念之々々
對忘失心以不漏怒三吾當為汝分別說許為宣說
自下第二簡不淨衆文亦三義第一正明衆人避席第二明以釋第三
世尊嘿然而不制止釋中初先徹前起後明々五千之徒退席者由
下釋有三一過去二現在三有明此失是以不得俱結過現二種
之失此輩根深重者過失去也由過去世輕尋他人聽說大乘

由序三義，弟一世尊勑聽，許爲宣説，弟二「説是語時會中」已下簡不浄衆，弟三「尒時仏告舍利弗：我今此」下讃歎浄衆。初中三義。一明不得不説，以三請於前，機熟在今，豈得不説。二正明勑聽，「汝今諦聽[一]，善思念之」。諦者，審也。諦聽令生聞恵，解思令生思恵，念之令生修恵。又諦聽得文，善思[二]得義，念能堅持，文義不失。並教勑亦可。諦聽令離散乱[三]心，如不覆器。善思令離巔倒心，如不梟器。念之令離忘失心，如不漏器。三吾當爲汝分別解説，許爲宣説。霔[四]。

自下弟二，簡不浄衆，文亦三義，弟一正明罪人避席，弟二所以釋，弟三世尊嘿然，而不制止。釋中初先徵前起後，所以五千之徒退席者何？下釋有三，一過去[五]，二現在失，三有如此失。是以不住，雙結過現二種之失。此輩根深重者，過去失[六]也。由過去世鄣㝵他人聽説大乘，

校注

【一】「諦聽」，唐本作「聽諦」，中有倒乙符。【二】「思」，唐本作「惡」，據《維摩義記》卷一改。《維摩義記》卷一：「諦聽得聞，善思得義。」【三】「乱」，魏碑及敦煌小楷寫卷每見「乱」字，同「亂」。【四】「霔」，朱筆字。【五】據下文，其下當補「失」字。【六】「去失」，唐本作「失去」，中有倒乙符。

是故現在不聞大法所以退席及增上慢者現在失也此增上慢位
亦在於煖頂已前唯學小乘未得小果謂得小果以為
究竟名增上慢未得謂得未證謂證者是釋前增上慢義
未得道諦謂得道諦未證滅諦謂證滅諦者此失是以不住實
結過現二種之過失所以不住世尊嘿然而不制止是第三句以住
第二損就不制之一以過去世罪根深重聞說大乘現生誹謗將
墮大塊損二以現在世唯學小乘未得小果謂得小果謂小果執
為究竟聞說大乘謗生不信未來常作鄣大乘緣損為此二損
故嘿不制之
　　自下第三讚歎淨眾於中四義第一讚歎淨
眾第二毀不淨眾第三仏重勅聽許為宣說第四身子受勅已
樂聞歎淨眾中就之此眾无復枝葉純為貞實矣者智度論云枝

是故現在不聞大法。所以退席及增上慢者，現在失也。此增上慢，位分在於煗頂已前，脩學小乘未得小果，謂得小果，復謂小果，以爲究竟，名增上慢。未得謂得，未證謂證者，即是釋前增上慢義。

未得道諦，謂得道諦，未證㓕[一]諦，謂證㓕諦，有如此失，是以不住。霙[二]結過[三]現二種之過失，所以不住。世尊嘿然而不制止，是弟三句，以住有二損，故不制之。一以過去世罪根深重，聞說大乘現生誹謗，將墜大坑損。二以現在世脩學小乘，未得小果，謂得小果，復謂小果，執爲究竟，聞說大乘，轉生不信，未來常作郭大乘緣損。有此二損，故嘿不制之。略[四]。自下弟三，讚歎浄衆。於中四義，弟一讚歎浄衆，弟二毀不浄衆，弟三仏重勑聽，許爲宣說，弟四身子受百[五]，彰己，樂聞。歎浄衆中，「我今此衆无復枝葉，純有貞實」者，《智度論》云「枝

校注

【一】「㓕」，「滅」之俗字。《漢語大字典》未收。【二】「霙」，「雙」之别體。【三】「過」，唐本字形似「遇」。【四】「略」，朱筆字。

【五】「百」，據一五二行，當爲「旨」。

業不堪為棟梁之用如五千之徒无法器之用雖聞大乘妙法不能發
菩提心脩菩薩行不能紹繼仏業是故无用貞實堪為棟梁之用譬
如淨衆為法器之用聞說大乘妙法能發菩提心脩菩薩行堪能紹繼
仏業是故乃用歎淨衆竟今釋弗如是增上慢人退亦佳矣是
第二句歎不淨衆上但免乃二揖々去此乃有意一者退去不聞
大乘現在不起謗法之罪未來不墮大坑意二者此人免脩学
小乘々々避席去時則不聞大乘妙法不生誹謗未來不作郭大乘
緣意乃此有意所以退亦佳矣汝々善聽當為汝說且是第三
句仏重勅聽許為宣說此乃二意一者五千之徒退席大衆緣
動故重勅聽二者有免讃歎淨衆此則堪聞妙法故重勅聽許
為宣說乎子受有樂聞可解

訓

同日五千之徒避席仏以

葉不堪爲棟樑之用」，如五千之徒无法器之用，雖聞大乘妙法不能發菩提心，脩菩薩行，不能紹継[一]仏業，是故无用。貞實堪爲棟樑之用，譬如浄衆爲法器之用，聞説大乘妙法能發菩提心，脩菩薩行，堪能紹継仏業，是故有用。歎浄衆竟。「舍利弗，如是增上慢人退亦佳矣」是弟二句，毀不浄衆。上住既有二損，今去明有兩益。一者退去不聞大乘，現在不起謗法之罪，未來不墜大坑益。二者此人既脩學小乘，今避席去時，則不聞大乘妙法，不生誹謗，未來不作鄣大乘緣益。有此兩益，所以退亦佳矣。「汝今善聽，當爲汝説」是弟三句，仏重勑聽，許爲宣説。此有二意。一者五千之徒退席，大衆緣動，故重勑聽。二者前既讚歎浄衆，此則堪聞妙法，故重勑聽，許爲宣説。身子受㫖[二]，樂聞可解。訓[三]。問曰：五千之徒避席，仏以

校注

【一】「継」，始於漢隸，魏碑及敦煌小楷寫經廣泛用之。《廣韻》：「継」，俗「繼」字。【二】「㫖」，魏碑及初唐楷書名家多作「㫖」或「旨」，同「旨」。【三】「訓」，朱筆字。

感德之者何不畏初從三昧起已以神力之者至此方退釋云初從宮起已以神力之者便不得同上略說作未來得度因緣者同下廣說現生誹謗俱陷大坑所以至此方退以仏所見三世故乃遠不遠也

問若仏知五千之徒住則起謗不為宣說之退席者何故智度論云喜根菩薩為勝意說小法人宣說大乘之生誹謗陷大地獄釋云五千之徒住則有損去則有益故之退席不為宣說喜根菩薩知勝意是執小乘人去亦不去必生誹謗故為宣說大乘意作未來得度因緣所以化隨時變不可一例

問曰五千之徒既罪根深重何故同上略說不生誹謗釋云人乃三品一者上品菩薩同略說已解二者中品之流同略說生疑以疑是解津同廣說便悟三根鈍同聞上品菩薩名中品之流三者下品

威德令去，何不最初從三昧起，即以神力令去，至此方退？解云：初從定起，即以神力令去，便不得聞上略說作未來得度因緣。若聞下廣說現生誹謗將墜大坑[一]，所以至此方退。以仏明見三世，故有遣不遣也。邦[二]。問曰：若仏知五千之徒住則起謗，不爲宣說，令退席者，何故《智度論》云「喜根菩薩爲勝意執小法人宣說大乘，令生誹謗，墜大地獄」？解云：五千之徒住則有損，去則有益，故令退席，不爲宣說。喜根菩薩定知勝意是執小乘人，去与不去，必生誹謗，故爲宣說大乘，遠作未來得度因緣。斯乃化隨時變，不可一例。問曰：五千之徒既罪根深重，何故聞上略說不生誹謗？解云：人有三品。一者上品菩薩，聞略說即解。二者中品之流，聞略說生疑，以疑是解津，聞廣說便悟。三根聲聞，望上品菩薩捻名中品之流。三者下品

校注

【一】「坑」，唐本誤作「抗」。【二】「邦」，朱筆字。

之類謂五千之徒聞上略說實然不信聞下廣說則生誹謗

聞日便稟小乘仍執聞法華經乃生信執乃生誹謗者按云始終通

論凡有四義一者始終俱小謂決定性聲聞是已以其習小來久忽聞

大乘妙法華經乖其本性者不生信二者始終俱大謂退菩提

心聲聞是其過去曾習大法中廢後之退作小乘後聞大乘妙法

華經竟頓信受三者始小而終大謂迴小入大聲聞是也四者始大而

終小始大品經說六十菩薩退成羅漢者是也　自下第二破二敗

一正明爲說權以妙法文開四門第一三乘真實門第二舍利弗請佛

生於五濁已下三乘方便門第三舍利弗若敎弟子自謂已下辯

依明失門第四舍利弗汝等當一心下勸信受持門此之四門下偈頌

所以開爲四門者靈山之會大機已熟堪聞一乘真實妙法故辯一

之類，謂五千之徒。聞上略說，寘[一]然不解。聞下廣說，則生誹謗。隔[二]。問曰：俱稟[三]小乘，何故聞《法華經》有生信解，有生誹謗者？解云：始終通論，凡有四義。一者始終俱小，謂決定性聲聞。是以其習小來久，忽聞大乘《妙法華經》，乖其本性，都不生信。二者始終俱大，謂退菩提心聲聞，是其過去曾習大法，中委此意，退住小乘，後聞大乘《妙法華經》，還能信受。三者始小而終大，謂迴小入大聲聞是。四者始大而終小，始《大品經》說「六十菩薩退[四]成羅漢」者是。自下弟二，破二皈一，正明爲說，授以妙法。文開四門，弟一一乘真實門，弟二「舍利弗，諸仏出於五濁」已下三乘方便門，弟三「舍利弗，若我弟子自謂」已下辯德明失門，弟四「舍利弗，汝等當一心」下勸信受持門。此之四門下偈誦所以開爲四門者，靈[五]山之會大機已熟，堪聞一乘真實妙法，故辯一

校注

【一】「寘」，「冥」之異體字，見《碑別字新編》（修訂本）。【二】「隔」，朱筆字。【三】「稟」，「亠」下「回」上，中有横三點（見《碑別字新編》修訂本），又有書兩點者，均是俗寫。【四】「退」，《法華義疏》卷三無。【五】「靈」，字同「靈」。

乘真實門先辨一乘是真實宜開昔三為方便故明三乘方便
門初辨一乘是真實後明三乘為方便蓋是一化始終理無不
極若能信解則是德為非失如其不信則是失為非德所以第三
辨德明失門德失之理先彰勸之捨失從德信解受持是故第四
勸信受持門就初一乘真實門中開為三門第一釋迦自説一乘門
第二舍利弗過去已下引説證成門第三舍利弗我今亦復如是已
下釋迦順同門此三句通上須記知所以開此三門者釋迦乃是
當今教主故自説一乘門昔説三乘今還一實恐物不生信所以第二
引説證成門雖引三世佛説為證釋迦所説仍恐是同是故第三
釋迦順同門就初門中更開三門第一讚歎一乘門第二汝等當信
佛之所説言不虛妄明勸信不虛門第三諸佛隨宜説法意趣難

乘真實門。既辯一乘是真實，宜開昔三爲方便，故明三乘方便門。初辯一乘是真實，後明三乘爲方便，盖是一化始終，理无不極。若能信解，則是德而非失，如其不信，則是失而非德，所以弟三辯德明失門。德失之理既彰，勸令捨失從德，信解受持，是故弟四勸信受持門。就初一乘真實門中開爲三門，弟一釋迦自說一乘門，弟二「舍利弗，過去」已下引說證成門，弟三「舍利弗，我今亦復如是」已下釋迦順同門。此三別誦亦須記知。所以開此三門者，釋迦即是當今教主，故自說一乘門；昔說三乘，今演一實，恐物不生信，所以弟二引說證成門；雖引三世仏說爲證，釋迦所說何必是同，是故弟三釋迦順同門。就初門中，更開三門，弟一讚歎一乘門，弟二「汝等當信仏之所說言不虛[一]忘」明勸信不虛門，弟三「諸仏隨宜說法，意趣難

校注

【一】「虛」同「虚」，《字彙·虍部》：「虛，俗虚字。」「虛」見於秦漢簡帛，漢碑、魏碑。敦煌小楷寫卷與「虚」並存。

稱已下辯仏說教之門所以用此三門者讚歎一乘之生信稱勸信
必要抑其誹謗開稱桂式緣由也竟一旦辯世尊說教之意所以
初三辯仏說教之門初讚歎中先法後喻如是之妙法諸仏如來時
乃說之者是之法說也如是妙法者此標一部之旨歎一乘真實為妙
法也妙有二種一者體妙謂非一非三三之已虛絶二者用妙謂非三
非一假稱三一不知何以義之且對昔三之麁法假歎一乘為妙蓋是之
群聖軌範軌持式以心稱之為法時乃說之者歎法為希有增數信
之情也蓋為為證如下文說信之万劫至不可議諸仏世尊時說
是經也為為論揮此一化世條年之所未說之乃說之故也法為
希有以值是依花時一現可者此喻說也譬上法中如是妙法諸仏
如來時乃說之行為引證法師云此翻靈瑞花天竹有樹而无其花若

解」已下辯仏説教意門。所以開此三門者，讃歎一乘，令生信解；勸信不虛，抑其誹謗，開解杜彧；縁由既竟，宜辯世尊説教之意，所以弟三辯仏説教意門。初讃歎中，先法，後喻。「如是妙法，諸仏如來時乃説之」者，是法説也。「如是妙法」者，此摽一部之旨。皈一乘真實爲妙法也。妙有二種，一者躰[一]妙，謂非一非三，言亡慮絶；二者用妙，謂非三非一，假稱三一。不知何以美之，且對昔三麁法，强歎一乘爲妙。盖是群聖軌⿱艹軓[二]楷式，行心稱之爲法。「時乃説之」者，歎法爲希有，增敬信之情也。遠而爲語，如下文説「億億万劫，至不可議，諸仏世尊，時説是經」。近而爲論，釋迦一化卌餘年之所未説，今乃説之，故知法爲希有。「以[三]優曇鉢花時一現耳」者，此喻説也。譬上法中「如是妙法，諸仏如來時乃説之」。何西郎[四]法師云：「此翻靈瑞花，天竹有樹而无其花。若

校注

【一】「躰」，同「體」。《玉篇·身部》：「躰」，俗「體」字。【二】「軌⿱艹軓」，同「軌範」。黃征《敦煌俗字典》第二版收「⿱艹軓」。【三】「以」，《妙法蓮華經》大正藏本卷一、《法華義疏》卷三作「如」。【四】「何西郎」，《法華義疏》卷三作「河西道朗」。

輪王出也此花乃現喻諸衆生自因一乘妙法感法輪聖王諸佛乃
說妙法花經教靈花表輪王之出法花顯感佛之徵然一乘妙法絕言
離相但爲化衆生擬之而像欲以而形之美說无像之妙
理一乘義三門分別　一釋一乘名　二辨一乘體　三隨義分別
初釋一乘名者言一乘者對人爲名行能運人爲人所乘從因至果
故名爲乘唯是一爲佛乘更无二三故稱爲一
第二辨一乘體者乘體衆多五門分別　一行法分別　二行斷分別
三自他分別　四證教分別　五因果分別　行法分別者乘有二
種一者乘法二者乘行乘法有三一者教法所謂三藏十二部教二者
理法所謂佛性清淨法界二諦之理三者行法謂六度等門言乘行
者要唯三種一因二果三者行修依教生因依理起果依因行法

輪王出也，此花乃現。」喻諸衆生，應聞一乘妙法成法輪聖王，諸仏乃說《妙法花經》，故霊花表輪王之相，法花顯成仏之徵。然一乘妙法，絶言離相，但爲化衆生擬之有像，故以有形之美況[一]无像之妙。

解一乘義，三門分別，一釋一乘名，二辯一乘躰，三隨義分別。

初釋一乘名者，言一乘者對人爲名，行能運人，爲人所乘，從因至果，故名爲乘。唯有仏乘，更无二三，故稱爲一。

弟二辯一乘躰者，乘躰衆多，五門分別，一行法分別，二行斷分別，三自他分別，四證教分別，五因果分別。行法分別者，乘有二種，一者乘法，二者乘行。乘法有三，一者教法，所謂三藏十二部教；二者理法，所謂仏性清浄，法界二諦之理；三者行法，謂六度等門。言乘行者，要唯三種，一聞，二思，三者行脩。依教生聞，依理起思，依前行法

校注

【一】「况」，顔元孫《干禄字書》：「况」、「況」，上俗下正。唐本「况」、「況」並見，釋文統一作「況」。

問曰經說因果一時經々此何故但說三利而不說起於利情

經釋云攝入情故執有二利斷之義者利依雖衆元生三種一智二福三者是々報般若是々智五度爲福々智非一旦舉行可得八種是々具足報此三種中依智起福依福起報執地持論云爲之報之因爲報果一切依智起福依福起報此三至果報名般若解脫法身智說般若福名解脫報名法身利依如是二爲斷德者要之三種一煩惱斷五住結盡此名智盡二所斷法也二者業斷之除變易二種因亡此名福盡離也三者苦報斷之除變易二種報盡此前淨報所盡離也此三種中煩惱斷執諸業不生業不執苦報不起執得涅槃以斷利斷爲一乘義

有二自他之義者自利爲二一歎爲起離過利二求仏智起集

起於行脩。問曰：經説聞思脩證，今此何故但説三行，而不説證？解云：攝入脩故。弟二行斷分别者，行德雖衆，无出三種，一智，二福，三者是報。般若是智，五度爲福，福智非一，且舉斯耳。命等八種，是具足報。此三種中，依智起福，依福起報。故《地持論》言：「若報，若報因，若報果，一切依智起福，依福起報[一]。」此三至果，轉名般若解脱法身。智説般若，福名解脱，報名法身，行德如是。言斷德者，要亦三種。一煩熜[二]斷，五住結盡，此前智恵所斷法也。二者業斷，分段變易，二種因亡，此即前福所遠離也。三者苦報斷，分段變易，二種報盡，此前浄報所遠離也。此三種中，煩熜斷故，諸業不生，業不〔生〕[三]故，苦報不起，故得涅槃。以斯行斷，爲一乘躰。弟三自他分别者，自行有二，一猒[四]有爲，起離過行，二求仏智，起集

校注

【一】「一切依智起福，依福起報」，《菩薩地持經》卷一作「一切依福起，福依智起」。【二】「熜」，乃「憁」之類化字，同「惱」。黄征《敦煌俗字典》第二版收在「惱」下。【三】「生」，唐本無，據《大乘義章》卷九補。【四】「猒」，同「厭」，又「猒」左「日」下加一横，亦是「厭」之俗字。

善以利他二二所謂慈悲能与樂悲能拔苦以斯二以爲一乘稱自
以之乘至果便便化他以乘畢竟无盡以所化衆生界不可盡故
第四隨教義云者无始以性顯成之依名爲隨以依隨機依教
機隨方便以德名爲教以此隨教二以該始及終爲一乘躰
第五因果義云者因雖衆多无過六度果雖无量不出菩提涅
槃

問曰因以運人至果可名爲乘果德圓滿更无所趣
云何名乘釋有三義一者乘因至果之例因名能說爲乘二者至
果雖无去處非不能去以動盡火雖无所燒非不能燒此立以是寛
能運能說爲乘三至果中自以雖竟化他未息能以名乘之稱隨
能雖以具此且舉斯五无以不攝　第三隨義義云者曲爲
五以　一重釋一乘　二明破二破三之義　三辨以何以破

善行；利他亦二，所謂慈悲[一]能与樂，悲能拔苦，以斯二行爲一乘躰。自行之乘，至果便住。化他行乘，畢竟无盡，以所化衆生界不可盡故。

第四證教分別者，无始法性，顯成今德，名爲證行；依證起教，依教起脩，方便行德，名爲教行。此證教二行，該始及終，爲一乘躰。

第五因果分別者，因雖衆多，无過六度，果雖无量，不出菩提涅槃。問曰：因行運人至果，可名爲乘，果德圓滿，更无所趣，云何名乘？解有三義。一者乘因至果，果仍因名，故説爲乘。二者至果，雖无去處，非不能去。如刼盡火，雖无所燒，非不能燒。此亦如是。以其能運，故説爲乘。三至果中，自行雖竟，化他未息，故得名乘。乘躰隨別，難以具論，且舉斯五，无法不攝。弟三隨義分別者，曲有五門，一重解一乘，二明破二破三之義，三辯以何法破，

校注

【一】「悲」，據《大乘義章》卷十一、《仁王般若經疏》卷一，係衍文，當刪。

四釋為當破情為當破法　五釋勝鬘經中明有五乘〻此
句執但破二三不言破五　初重釋一乘者略有二義一者
前於執名一二三者破於執名一三者會於執名一初二言前於執名一
者撥實從之唯一大乘以來隨化有三種之前於有三是執
言一第二破於執名一者仏隨衆生假設三乘衆生因已係執為實
仏之破其所執假三此是之隨有於說執破於執名一第三會於執
名一者如来昔日說有三乘所緣所以望大言之意引趣向執〻
會之世中所以是之菩薩漸之修學悉當成仏勝鬘經上云毗尼者
即大乘學此經後云聲聞菩薩聞我所說法乃至於一偈皆當成仏
无疑若人散亂心入於塔廟中一稱南无仏皆已成仏道執如人天
三乘此等菩提心所修善根會當成仏譬如衆流皆歸大海會同鹹

二三〇　四解爲當破情，爲當破法，五釋《勝鬘經》中明有五乘，今此

二三一　何故但破二三，不言破五。初重解一乘者[一]，略有三義，一者

二三二　簡別故名一，二者破別故名一，三者會別故名一。初言簡別故名一

二三三　者，據實論之，唯一大乘，如來隨化，昔分三種。今簡別昔三，是故

二三四　言一。弟二破別故名一者，仏隨衆生假設三乘衆生聞已保執爲實，

二三五　仏今破其所執假三，此是隨昔別説故，破別故名一。弟三會別故

二三六　名一者，如來昔同[二]説有三乘，所脩所行，望大言之，遠能趣向故。今

二三七　會之，汝等所行是菩薩道，漸漸脩學，悉[三]當成仏。《勝鬘經》亦云：毗尼

者，

二三八　即大乘學。此經復云：「聲聞若菩薩，聞我所説法，乃至於一偈，皆成仏

二三九　无疑。若人散乱心，入於塔廟中，一稱南无仏，皆已成仏道。」故知人天

二四〇　三乘，發菩提心，所脩善根，會當成仏。譬如衆流[四]皆皈大海，會同醎

校注

【一】次節可參《妙法蓮華經玄贊》卷四。【二】「同」，唐本疑似「曰」或「因」。【三】「悉」，同「悉」，又有「悉」上部「采」作「⺍」者，皆是俗字。【四】「流」，唐本字訛似「陳」，參考二六三行釋「流」。

味若然者何處更有作乘菩教云云舍利教名一
第二破二破三義者之以破二之得破若就真實佛乘久生二乘
是則二乘為方便教破以取一教下文云唯此一事實餘二則非真若
密遣二人形容顦顇无威德者譬二乘為方便長者自手脫珍御
服著弊垢衣寄佛乘者是則佛乘之是方便教上文云佛以方便
力示以三乘教下偈後云教為方便力開示三乘法若如是者三
皆為方便三乘為方便教也破三以取一如王宮現生伽耶成道
是之方便權化凡夫二乘執為實佛教須破遣之是之應化非是之實
佛更有常住法身不生不滅无始无終可取趣也
第三新以何法破者謂以佛性一乘妙理破二破三教大涅槃經云
一切衆生乃至闡提悉有佛性未來世中悉當成佛教也无有作

味。若然者，何處更有餘乘差別，故言會別故名一。弟二破二破三義者，亦得破二亦得破〔三〕[一]。若就真實仏乘分出二乘，是則二乘爲方便，故破以皈一。故下文言「唯此一事實，餘二則非真」。若「蜜遣二人，形容顦顇[二]，无威德者」，譬二乘爲方便。長者自身脱珎御服，着弊垢衣，喻仏乘者，是則仏乘亦是方便。故上文言「仏以方便力，示以三乘教。」下偈復云：「我有方便力，開示三乘法。」若如是者，三皆爲方便。三既爲方便，故知破三以皈一，如王宮現生伽耶成道。此是方便，權化凡夫。二乘執爲實，仏故須破遣。此是應化，非是實仏。更有當住法身，不生不滅，无始无終，可皈趣也。弟三辯以何法破者，謂以仏性一乘妙理，破二破三。故《大涅槃經》云：一切衆生乃至闡提，悉有仏性，未來世中悉當成仏。故知无有餘

校注

【一】「三」，唐本無。據文義補。《法華義疏》卷三：「一者，用一破二……二者，以二破三……」《妙法蓮華經玄贊》卷四：「勘梵本云『無第二第三』，今翻之略故云『無二亦無三』也。……若執別體三寶爲極，亦同破之。」【二】「顇」，唐本左旁「卒」作「卆」（見《漢語大字典》，乃「卒」之俗字）。

乘義故下文云諸佛世尊為大一事因緣故出現於世云云大事者
如大涅槃經第九卷說大信之人乃能得因如是大事非小人所不
得因乎以為大所謂諸佛甚深秘藏謂佛性是以是義故名為大
事第十卷說云譬如長者若長者子多畜乳牛乃至種種色常令
一人守護將養是人後時為祠祀故盡攝諸牛着一器中見其乳
色同一白色尋便驚怪牛色各異其乳云何皆同一色是人思
惟此一切皆是衆生業報因緣令乳色一是同因緣覺菩薩亦同
一佛性猶如彼乳所以者何同盡漏故而諸衆生言佛菩薩因緣覺
而有差別乃諸聲聞凡夫之人疑於三乘云何無別是諸衆生
久後自解一切三乘同一佛性猶如彼人悟解乳相由業因緣故令乳
一而乘所以故而菩薩因緣覺未來之世皆當歸於大般涅槃

二五二 乘差別。故下文言：諸仏世尊爲一大[一]事因緣故，出現於世。言大事者，
二五三 如《大涅槃經》弟九卷説：「大德之人乃能得聞如是大事，斯下小人則不
二五四 得聞。何等爲大？所謂諸仏甚深祕藏，謂仏性是，以是義故，名爲大
二五五 事。」弟十卷復云：「譬如長者，若長者子多畜乳牛，有種種色，常令
二五六 一人守護將養[二]，是人後時爲祠祀故，盡搆[三]諸牛，着一器中，見其乳
二五七 色同一白色，尋便驚恠，牛色各異，其乳云何皆同一色。是人思
二五八 惟如此，一切皆是衆生業報因緣，令乳色一。聲聞、緣覺、菩薩亦尔，同
二五九 一仏性，猶如彼乳。所以者何？同盡漏故。而諸衆生言，仏、菩薩、聲聞、緣
覺
二六〇 而有差別，有諸聲聞、凡夫之人，疑於三乘，云何无別？是諸衆生
二六一 久後自解，一切三乘同一仏性，猶如彼人悟解乳相，由業因緣」，故令乳
二六二 一，乃至「何以故？一切菩薩、聲聞、緣覺未來之世，皆當皈於大般涅槃。

校注

【一】「一大」，唐本作「大一」，中有倒乙符。【二】「養」，唐本作「卷」，據《大般涅槃經》卷十改。【三】「搆」，唐本右上作「世」，古之俗寫。

辟如衆流歸於大海是故聲聞緣覺之人悉名為常非是天常
以是義故上人善為上天善為上人善為者則緣之性種種不同
聲聞如乳緣覺如酪菩薩之人如生酥熟酥諸佛世尊猶如醍醐以是
義故大涅槃中說四種性為人善為佛言善男子如牛新生
乳血未別為凡夫之性雜諸煩惱亦復如是四者即是無明則中
有煩惱乳者即是善五陰也故亦以其佛性破之上一乘此經下
偈誦云說佛智慧故諸佛出於世唯此一事實餘二則非真說
即以其一乘果智破二破三雖復因果不同莫不皆為大事出現
於世

次釋勸四為當破情為當破法者三乘之人起
保執三乘以為究竟但破三乘保執之患不須破法故維摩經云
但除其病而不除法以三乘則法盡同佛故下文云汝等所行是

譬如衆流皈於大海。是故聲聞、緣覺之人悉名爲常，非是无常。以是義故，亦有差別」，亦无差別。亦有差別者，行緣之性，種種不同。「聲聞如乳，緣覺如酪，菩薩之人如生熟蘇，諸仏世尊猶如醍醐。以是義故，大涅槃中說四種性，而有差別。」「仏言善男子，如牛新生，乳血未別。凡夫之性，雜諸煩惱，亦復如是。」血者，即是无明行等一切煩惱。乳者，即是善五陰也，故知以其仏性，破之亦可。此經下偈誦云：「說仏智恵故，諸仏出於世，唯此一事實，餘二則非真。」此則以其一乘果智，破二破三。雖復因果不同，莫不皆爲大事出現於世。次解弟四爲當[一]破情，爲當[二]破法者，三乘之人既保執三乘以爲究竟，但破三乘保執之患，不須破法。故《維摩經》云：但除其病而不除法，以三乘行法遠向仏故。故下文言：「汝等所行是

校注

【一】「當」，唐本作「常」，據二三〇行改。【二】「當」，唐本作「常」，據二三〇行改。

菩薩漸々學然後成佛、何須破遣。譬如有人迷南作北、但遣
情迷之可謂方　第五釋理勝譬中說有五乘、々此何
執、但破二三、不破五者、釋云、菩薩秘密教中、但說羅漢辟支同佛
滿盡四智、究竟同得解脫、二乘之人執佛此言、謂已滿足无心
向大、以爲緣執之患、故須破之、菩薩教之中、不說菩薩人天同佛滿盡
四智、究竟同得解脫、以菩薩人天无緣執之患、故不須破、五乘之人
會當成佛、不爲會取之義、故下文云、而諸草木各有差別
一地所生、一雨所潤、上來明釋一乘義竟　自下第二勸信不
虛、明汝等當信佛之所說、々不虛、以菩薩說三乘之教、々歎一乘
好法是別、三一相違、恐物不生信、是故々明佛語不虛、勸々令生信
自下第三、辨佛說教意、々門開爲二義、第一歎眾生不解教意、門第二

菩薩道，漸漸脩學悉得成仏。」何須破遣。譬如有人迷南作北，但遣情，豈可除方。弟五解釋《勝鬘經》中說有五乘，今此何故但破二三，不破五者？解云：昔祕密教中，但說羅漢、辟支同仏，漏盡四智究竟同解脫床。二乘之人執仏此言，謂已滿足，无心向大，以有保執之患，故須破之。昔教之中，不說菩薩人天同仏，漏盡四智究竟同解脫床。以菩薩、人天无保執之患，故不須破。五乘之人會當成仏，即有會取之義。故下文言：而諸草木各有差別，同一地所生，一雨所潤。上來略解一乘義竟。自下弟二勸信不虛門。「汝等當信，仏之所說，言不虛忘[一]。」昔說三乘之教，今歎一乘妙法。是則三一相違，恐物不生信，是故今明仏語不虛，勸令生信。自下弟三辯仏說教意門，開爲二義，弟一衆生不解教意門，弟二

校注

【一】「忘」，高亨《古字通假会典》：「忘」與「妄」古通假。

唯乃諸仏乃能之下唯仏能解教言門初云諸仏随宜説法
一章門諸仏如来随機所宜方便説法名諸仏随宜説法言
趣難解有章門云三三云若三三則不名為難解云三三云不
三三云道而言意趣言趣是難解又言若作不三上不名為難解
上三云不三一者明其非是三非謂是非三三則三三云處絶仏无所寄
乃昇玄宗是故名為意趣難解所以下釈初先雙問所以諸
仏随宜説法言意趣難解者由教以元如方便種々因縁譬喩言
辞演説諸法釈上初門諸仏随宜説法或現八相成道之正或示
九十六術之外或為調達善男之導達或作外難羅云之順善巧非
一無元如方便衆生根性非一入道之因縁多美名種々因
縁此是法花説譬喩三云辞是其喩説演説諸法揔結説法釈

「唯有諸仏乃能知」下，唯仏能解教意門。初言諸仏随宜説法一章門，諸仏如來随機所宜，方便説法，名諸仏随宜説法。意趣難解兩章門，言三意若三，斯則不名爲難。解言三意不三，言近而意遠，故意趣是難解。又意若住不三，亦不名爲難解。今言不三者，明其非是三，非謂是非三。斯則言亡慮絶，心无所寄，乃契玄宗，是故名爲意趣難解。所以下釋，初先雙問，所以諸仏随宜説法，意趣難解者何？「我以无數方便，種種因緣，譬喻言辞演説諸法」，釋上初門，諸仏〔随〕[一]宜説法，或現八相成道之正，或示九十六術之邪，或爲調達善星之達，或作阿難羅云之順。善巧非一，名无數方便。衆生根性非一，入道不同，藉緣各異，名種種因緣。此是《法花》説[二]「譬喻言辞」，是其喻説，「演説諸法」，揔結説法。

釋

校注

【一】「随」，唐本無，據上一行補。參見《法華義疏》卷三。【二】「説」，唐本小字補。

初門竟是非思量分別之所能解者釋上從門之趣難解以來
說一切教之意衆生終入一乘故下文云於一切法以智方便而演
說之其所說法皆悉到於一切智地竟三乘教者思量分別於
三除不能仏說三之意又以為所以思量分別時是無明煩惱
故不能解故據大乘論云分別是等煩惱為其障也衆生不能教
之二門竟　　　自下第三唯能解教之門於中四義第一總明
唯仏能解教之第二明下釋第三舍利弗如來但以一仏乘故為衆
生下總結如來說法所為之仏乘第四舍利弗一切十方諸仏法亦一
如是引證而成初總可知第二釋中初先徵問所以唯仏能解者
何下釋有二第一明仏世尊唯為一大事因緣出現於世故唯仏知第二
仏告舍利弗諸仏如來但教化菩薩已下明仏如來教化菩薩常為一事

初門竟。「是〔法〕[一]非思量分別之所別解」者，釋上復門，意趣難解。如來説一切教意，令衆生悟入一乘。故下文言：「於一切法，以智方便而演説之。」其所説法，皆悉別[二]於一切智地。稟三乘教者，思量分別於三，終不解仏説三之意。又以有所得心，思量分別躰，是无明煩惚故，不能解故。《攝大乘論》云「分別是菩薩煩惚」[三]，即其證也。衆生不解教意門竟。自下弟二唯〔佛〕[四]能解教意門，於中四義，弟一摠明唯仏能解教意，弟二「所以」下釋，弟三「舍利弗，如來但以一仏乘故，爲衆生」下摠結如來説法所爲亦仏乘，弟四「舍利弗，一切十方諸仏，法亦如是」引證而成。初摠可知。弟二釋中，初先徵問所以，唯仏能解者何？下釋有二，一明仏世尊，唯爲一大事[五]因緣，出現於世，故唯仏知；弟二「仏告舍利弗：諸仏如來但教化」已下明仏如來教化菩薩，常爲一事，

校注

【一】「法」，唐本無，據《法華經》卷一、《法華義疏》卷三補。【二】「別」，唐本字形似「列」。【三】「惚」，右上或作「勿」，均是寫卷中「惱」之俗字。【四】「佛」，唐本無，據《法華義疏》卷三補。【五】「事」，唐本字形似「馬」，依文義釋「事」。

故唯佛知初云諸佛世尊唯以一大事因緣故出現於世者總以
標舉為章門以者為也諸佛世尊為一佛性大事因緣出現於
世是故說一切教皆為顯一乘唯為諸佛の秘密之故大涅槃經
如來性品云大德之人乃能問如是大事非下小人所能問事
者為大所謂諸佛甚深秘藏謂佛性是也以是義故名為大事
但是其因下偈備之說佛智慧故約說其果因果雖復不同
莫不皆是大事此總釋竟已為章門舍利弗云何名下釋
諸佛為一大事因緣故出現於世初問次釋第三總結何名諸佛
世尊唯以一大事因緣故出現於世是初問也諸佛世尊欲令衆
開示悟入四義釋之釋此四義依二種論一依法華論釋
二依涅槃經釋依法華論釋者初云開者明無上義唯除如來

三〇七 故唯仏知。初言「諸仏世尊唯以一大事因緣，故出現於世」者，摠以
三〇八 標舉即爲章門。以者，爲也。諸仏世尊爲一仏性大事因緣，出現於
三〇九 世，是故說一切教，皆爲顯一，故唯有諸仏乃能知之。故《大涅槃經·
三一〇 如來性品》末：「大德之人乃能得聞如是大事，斯下小人則不得聞。何
三一一 等爲大？所謂諸仏甚深祕藏，謂仏性是，以是義故，名爲大事。」
三一二 此是其因。下偈誦之，說仏智恵故，約就其果。因果雖復不同，
三一三 莫不皆是大事。此摠釋竟，即爲章門。「舍利弗，云何名」下轉[一]釋
三一四 諸仏爲一大事因緣故，出現於世。初問，次釋，弟三摠結。「何名諸仏
三一五 世尊唯以一大事因緣故，出現於世」，是初問也。「諸仏世尊欲令」已下
三一六 轉[二]問解釋，開示悟入，四義釋之。釋此四義，依二經論，一依《法華論》
解，
三一七 二依《涅槃經》釋。依《法華論》解者，初言開者，明无上義，唯除[三]如來

校注

【一】「轉」，唐本字形似「縛」。《法華義疏》卷三作「傳」。【二】「轉」，唐本字形似「紂」或「縛」。【三】「除」，唐本字形似「障」。

所智也更无餘事是故名佛知見者如來說證如實義故所
言乘者明其同義謂三乘之人仏性法身无差別故所言悟者
明不知義以二乘之人不知究竟唯一仏乘ゝ欲ゝ令知也是故名悟
所言入者是其證義也知唯一仏性究竟仏乘ゝ證不退轉地
示現与无量智業證會仏性入仏乘ゝ故詳論此四乃為次第初
明開仏知見則歎仏知見以為无上雖歎仏知見以為无上或謂獨
仏乃淺知見二乘所无是故第二明三乘人同有仏性法身无差
是故第二示其同義但仏悟性名為法身二乘於隱故雖仏性
雖三乘之人同有仏性法身之殊但二乘人不知究竟唯一仏乘
ゝ欲ゝ令知所以三次說於悟知悟唯一仏乘无有二乘則證入不
退明无量智業與會仏性入一仏乘是故第四次說於入論又為

一切智知，更无餘事。是故名開。仏知見者，如來能證如實義故。所言示者，明其同義。謂三乘之人，仏性法身无差别故。所言悟者，明不知義。以二乘之人不知究竟唯一仏乘，今欲令解知，是故名悟。所言入者，是其證義。既知唯一仏性究竟仏乘，令證不退轉地，示現与无量智業，證會仏性入仏乘，故詳論此，四即爲次弟。初明開仏知見，則歎仏知見，以爲无上。雖歎[一]仏知見，以爲无上，或謂獨仏有此知見，二乘所无。是故弟二明三乘人同有仏性，法身无差。是故弟二示其同義，但仏悟性，名爲法身，二乘猶隱，故稱仏性。雖三乘之人同有仏性法身之躰，但二乘人不知究竟唯一仏乘，今欲令解知，所以三次説於悟。既悟唯一仏乘，无有二乘，則證入不退，脩无量智業，契會仏性，入一仏乘。是故弟四次説於入。論又兩

校注

【一】「雖歎」，唐本作「難欲」，據《法華義疏》卷三改。

三九

番〔一〕釋後二〔二〕句。所言悟〔三〕者，爲諸菩薩有疑心者，〔令〕〔四〕如實脩行故。所

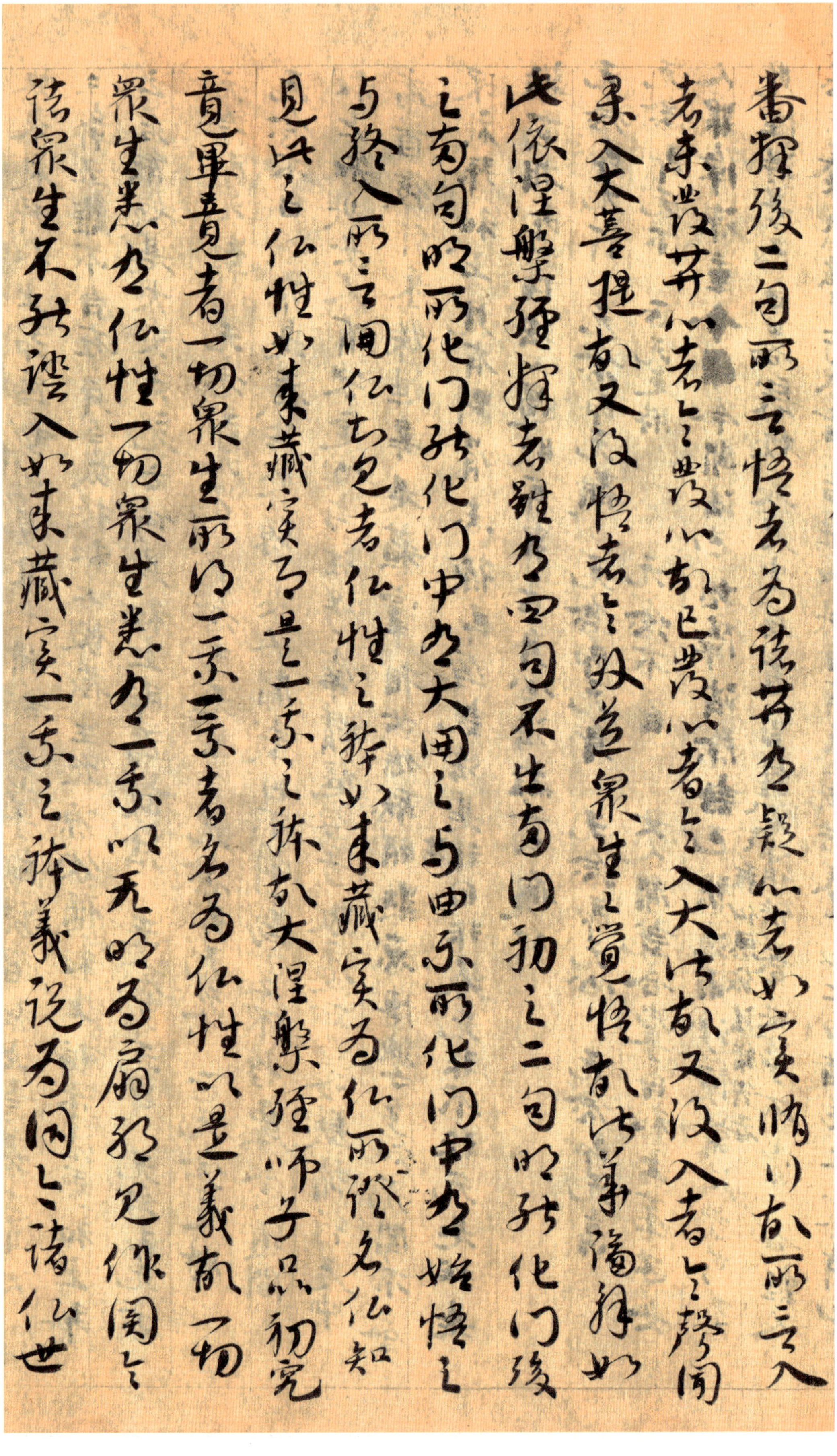

番釋後二句所言悟者爲諸菩薩有疑心者如實脩行故所言入
者未發菩提心者令發心故已發心者令入大法故又得入者令聲聞
乘入大菩提故又得悟者令[?]致道衆生之覺悟故法華論釋如
此依涅槃經釋者雖有四句不出前門初之二句明於化門後
之兩句明所化門於化門中有大因之與果因所化門中有始悟之
與終入所之因仏知見者仏性之稱如來藏實爲仏所證名仏知
見此之仏性如來藏實爲是一乘之稱故大涅槃經師子吼初究
竟畢竟者一切衆生所得一乘一乘者名爲仏性以是義故一切
衆生悉有仏性一切衆生悉有一乘以無明覆翳見作因之
諸衆生不能證入如來藏實一乘之稱義説爲因之諸仏世

言入者，未發菩提[五]心者，令發心故，已發心者，令入大法故。又復入者，令[六]聲聞果入大菩提故。又復悟者，令外道衆生生覺悟故。《法華論》解如此。依《涅槃經》釋者，雖有四句，不出兩門。初之二句明能化門，後之兩句明所化門。能化門中有大開之与曲示，所化門中有始悟之与終入。所言開仏知見者，仏性之躰如來藏，實爲仏所證，名仏知見，此之仏性如來藏，實即是一乘之躰故。《大涅槃經·師子品》，初「究竟畢竟者，一切衆生所得一乘，一乘者名爲仏性，以是義故，一切衆生悉有仏性，一切衆生悉有一乘」。以无明爲扇，邪見作關，令諸衆生不能證入[七]如來藏，實一乘之躰，義説爲同。令諸仏世

校注

【一】「番」，唐本無上「丿」，始見於漢隸。【二】「二」，《法華義疏》卷三作「三」。【三】「悟」，《法華義疏》卷三作「示」。【四】「令」，唐本無，據《法華義疏》卷三補。【五】「菩提」，唐本作「菩薩」，據《法華義疏》卷三改。【六】「令」下，《法華義疏》卷三有「捨」。【七】《法華經玄贊要集》卷十三：「一切衆生悉有佛性。以無明爲扇，邪見爲開（關），故不悟佛性。」

為因乎寸大車說妙法華經明一切衆生皆有仏性如來藏實
一乘之旨破无明之扇碎邪見之闇令一切衆生皆入仏性如來藏
實名之為因所之乘者曲乘五種仏性大涅槃經師子吼初有
因有因々有果有果々文以非因非果性也有因者即十二因緣理
有因々者所謂觀智有果者即是阿耨菩提有果々者即是无
上大般涅槃仏性隨作緣分四種應緣談實非隱非顯乃且有
五非因果性也以後迦葉以曲乘五階仏性一以來仏性則有七
事一常二我三樂四淨五真六實七善以果德圓滿獨作一階
二後身菩薩仏性有六一常二淨三真四實五善六少見十住見一以
孙眼見仏性因中最極獨作一階三九住菩薩仏性有六種一常二善
三真四實五淨六可見以聞見中最極獨作一階

三三九 尊用平等大恵，説《妙法華經》。明一切衆生皆有仏性，如來藏實

三四〇 一乘之躰。破无明之扇，斫邪見之關，令一切衆生證入仏性如來藏，

三四一 實名之爲開。所言示者，曲示五種仏性。《大涅槃經·師子品》，初「有

三四二 因，有因因，有果，有果果」，及以非因非果性也。有因者，即十二因緣理，

三四三 有因因者，所謂觀智。有果者，即是阿耨菩提。有果果者，即是无

三四四 上大般涅槃仏性。随緣作[一]前四種，廢緣談實，非隱非顯，即是弟

三四五 五非因果性。亦如後《迦葉品》，曲示五階仏性。一，「如來[二]仏性則有七

三四六 事，一常，二我，三樂，四淨，五真，六實，七善」。一，以果德圓滿，獨作

一階。

三四七 二，「後身菩薩仏性有六，一常，二淨，三真，四實，五善，六少見」。十分

見，一以

三四八 能眼見仏性，因中最極，獨作一階。三，「九住菩薩仏性六種，一常，二善，

三四九 三真，四實，五淨，六可見」。以聞見中極，獨作一階。

校注

【一】「緣作」，唐本作「作緣」，中有倒乙符。【二】「來」，《大般涅槃經》北涼譯本卷三十五本作「是」。

四八住菩下至六住仏性名一真二實三淨四善五可見此三地
功用中極初学无功用川獨作一階　五七住菩下至初住
仏性五名一真二実三淨四可見五善不善此是功用之住獨
作一階由示此之五階仏性名之為示又此業品由示一闡提名之
不善性善根人无之不善性二人俱有理性二人俱无果性之如[illegible]
大乘論由示三種仏性一自性住仏性理性真如与法身為躰二引
出仏性謂之波羅蜜此是之因性之名川性三至德果仏性所謂
果性之是仏乘此同示[illegible]川之[damaged]生真
金之藏涅槃所鏡示彼力士額[damaged]化兜
額之所化衆生悉悦悟稱之為悟衆生兜悉悦悟稱之欲
之衆生順川際之名之為入悟稱仏性十稱已上階入仏性妙覚已

三五〇 四，「八住菩薩下至六住，仏性〔五〕[一]事，一真，二實，三淨，四善，五可
見」。以此三地
三五一 功用中極，初學无功用行，獨作一階。五，「五住菩薩下至初住，
三五二 仏性五事，一真，二實，三淨，四可見，五善不善」。以是功用之位，獨
三五三 作一階。曲示此之五階仏性，名之爲示。又《迦葉品》曲示：一闡提有有
三五四 不善性，善根人无无不善性，二人俱有理性，二人俱无果性。亦如《攝
三五五 大乘論》曲示三種仏性，一自性住仏性，理性真如与法身爲躰；二引
三五六 出仏性，謂六波羅蜜，此是因性，亦名行性。三至德果仏性，所謂
三五七 果性即是仏乘。此開示兩門，亦□□□□□□□□□□出真
三五八 金之藏[二]。涅槃明鏡示彼力士額珠。[三]兩□□□□□□□能化。既
三五九 欲令所化衆生尋説悟解，稱之爲悟。衆生既尋説悟解，亦欲
三六〇 令衆生脩行證之，名之爲入。悟解仏性十解已上，證入仏性妙覺已

校注

【一】「五」，唐本無，據《大般涅槃經》北涼譯本卷三十五補。【二】此係引用《大般涅槃經》北涼譯本卷七「是人即於其家掘出真金之藏」。【三】《大般涅槃經》北涼譯本卷七：「如彼力士於明鏡中，見其寶珠。」

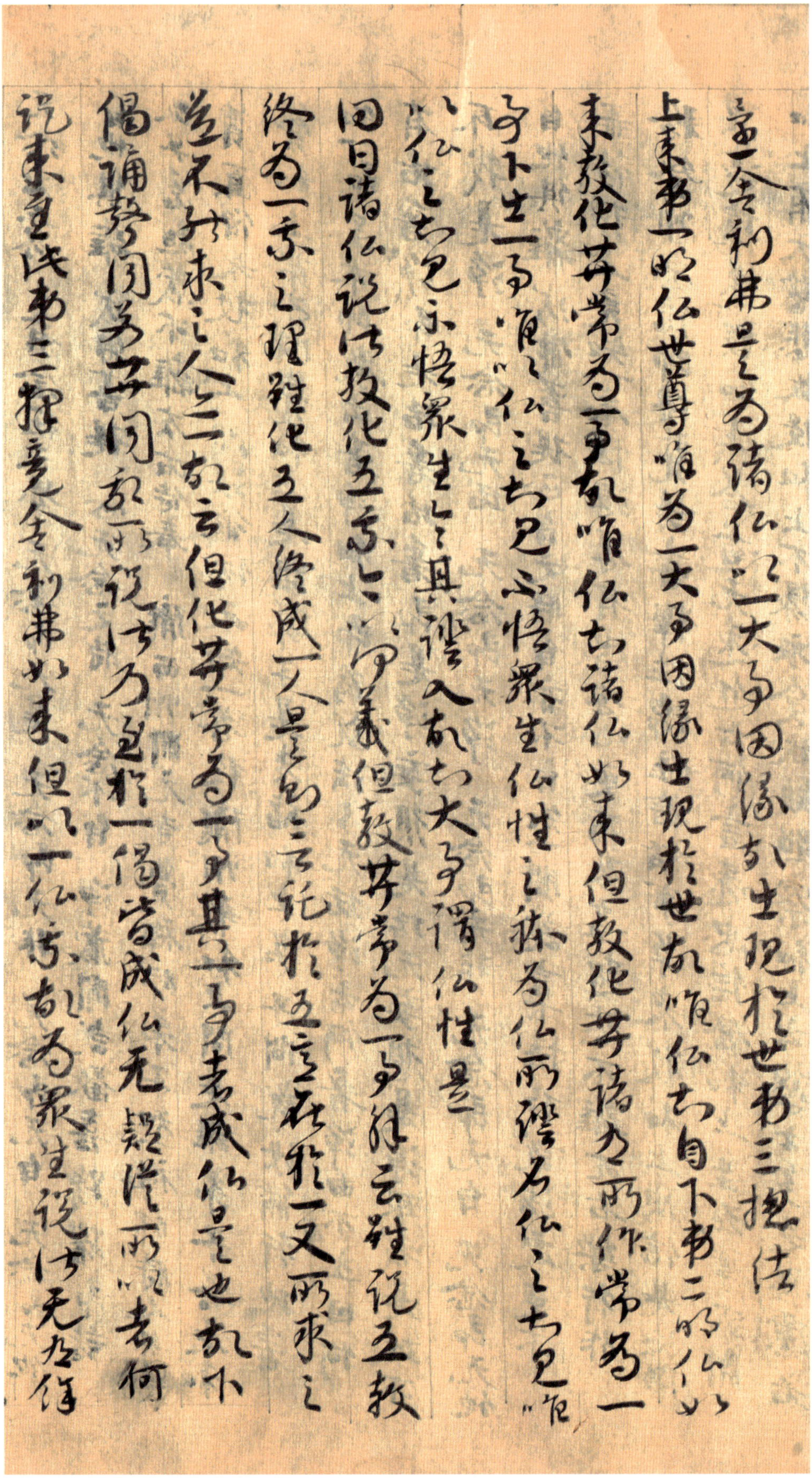

三六一 還。「舍利弗，是爲諸仏以一大事因緣故，出現於世」，弟三揔結。

三六二 上來弟一明仏世尊唯爲一大事因緣出現於世，故唯仏知。自下弟二明仏如

三六三 來教化菩薩常爲一事故，唯仏知，諸仏如來但教化菩薩，諸有所作，常爲一
三六四 事。下出一事，唯以仏之知見，不悟衆生仏性之躰，爲仏所證，名仏之知見。
唯
三六五 以仏之知見，示悟衆生，令其證入，故知大事謂仏性是。
三六六 問曰：諸仏說法，教化五乘，今以何義，但教菩薩，常爲一事？解云：雖說五
教，
三六七 終爲一乘之理，雖化五人，終成一人。是則言託於五，意在於一。又所求之
三六八 道不能，[一]求之人亦一故。云：但化菩薩常爲一事，其一事者，成仏是也。故
下
三六九 偈誦：「聲聞若菩薩，聞我所說法，乃至於一偈，皆成仏无疑。」從「所以者
何」
三七〇 訖來至此，弟三釋竟。「舍利弗，如來但以一仏乘故，爲衆生說法，无有餘

校注

【一】「所求之道不能」，《法華義疏》卷三作「所求之道既一」。

乘爲二爲三是以第三以總結如來説法所爲之一佛乘以者爲也諸佛如
來但爲衆生説一佛乘無有餘乘若二若三緣覺爲第二聲聞爲第
三二乘在於一乘之外名之爲餘於理實無故雖無有蓋是從
上至下窮之盡也若但教化菩薩爲一佛乘故無有餘乘若二是緣覺若
三是聲聞之可若聲聞緣覺二若三謂菩薩三如釋迦菩薩久成正覺
方便現作具凡夫身不斷諸煩惱宜生兜率下降成佛凡夫二乘執爲
實佛執須破遣此是直化非真實也此則從下至上以爲次第舍利弗
所有諸佛法亦如是者是其第四引證中成若說乃三之但言爲
一佛乘無有餘乘恐物不生信故引十方佛法爲證
自下第二引説證成問於中有二第一別引三世佛説爲證第二舍利
弗是諸佛已下總結三世佛説爲證上説一乘但教菩薩無有餘乘若

三七一 乘，若二若三」，是弟三段捴結，如來説法所爲，爲一仏乘。以者，爲也。諸

仏如

三七二 來但爲衆生説一仏乘，无有餘乘。「若二若三」，緣覺爲弟二，聲聞爲弟

三七三 三。二乘在於一乘之外，名之爲餘，於理實无，故稱无有，蓋是從

三七四 上至下數之然也。前但教化菩薩爲一仏乘，故知无有餘乘。若二是緣覺，若

三七五 三是聲聞，亦可。若聲聞、緣覺二，若三謂菩薩三。如釋迦涅槃，久成正覺，

三七六 方便現作，具凡夫身不斷諸漏，應生兜率，下降成仏。凡夫二乘執爲

三七七 實，仏故須破遣，此是應化非真實也。此則從下至上以爲次弟。「舍利弗，

三七八 一切十方諸仏，法亦如是」者，是其弟四引證印[一]成。昔説有三，今但言爲

三七九 一仏乘，无有餘乘，恐物不生信，故引十方仏法爲證。

三八〇 自下弟二引説證成門，於中有二，弟一別引三世仏説爲證，弟二「舍利

三八一 弗，是諸仏」已下捴結三世仏説爲證。上説一乘，但教菩薩无有餘乘，若

校注

【一】「印」，唐本似「卬」，依《宗鏡録》卷五十四「如何引證，印成後信」，釋「印」。

二義三衆聞釋迦獨作此說則迴惶之信故引三世佛說道同以之
為證欲令請大衆決定生信就初列中三世諸佛各有三段所
謂諸佛二顯教門三稟教被益教主以良醫教門譬妙藥稟教
被益喻如病者服藥得差又教主是佛寶教門是法寶稟教之人是
其僧寶教門之中各有兩句初說一切教後說教所為三佛乘稟教被
益之各二句初稟五乘之教後得一切種智擧法諸佛為證之中上釋
迦說法終為一人法諸佛但教菩薩自下第三釋迦順同門以三世諸佛道同
不實是故釋迦順為同之義不信釋迦所說則違三世佛教宗之大也
若信釋迦所說則信三世佛教緣之深也已欲令大衆捨謗以信敬無釋
迦順為同之文中我亦如是並擬明順同古諸下第中有二初明顯一切

二若三，衆謂釋迦獨作此説，則迴惶不信，故引三世仏説道同，以之爲證，欲令諸大衆決定生信。就初列中，三世諸仏答有三段，一明教主[一]，所謂諸仏，二顯教門，三禀教獲益[二]。教主如良醫，教門譬妙藥，禀教獲益，喻如病者服藥得差。又教主是仏寶，教門是法寶，禀教之人是其僧寶。教門之中各有兩句，初説一切教，復説教所爲。三仏乘禀教獲益，亦各[三]二句，初禀五乘之教，終得一切種智。捻結諸仏爲證之中，上釋迦説法，終爲一人，結諸仏但教菩薩。自下弟三釋迦順同門，以三世諸仏道同不異，是故釋迦順而同之。若不信釋迦所説，則違三世仏教，罪之大也。若信釋迦所説，則信三世仏教，福之深也。今欲令大衆捨謗從信，故弁釋迦慎[四]而同之。文中「我今亦復如是」，捻明慎同。知諸下別，別中有二，初明顯一，弟

校注

【一】「一明教主」，《法華義疏》卷三作「一化主」。【二】「禀教獲益」，《法華義疏》卷三作「禀教人」。【三】「各」，當作「有」。【四】「慎」，《漢語大字典》：同「順」。《集韻・稕韻》：「順」，古作「慎」。

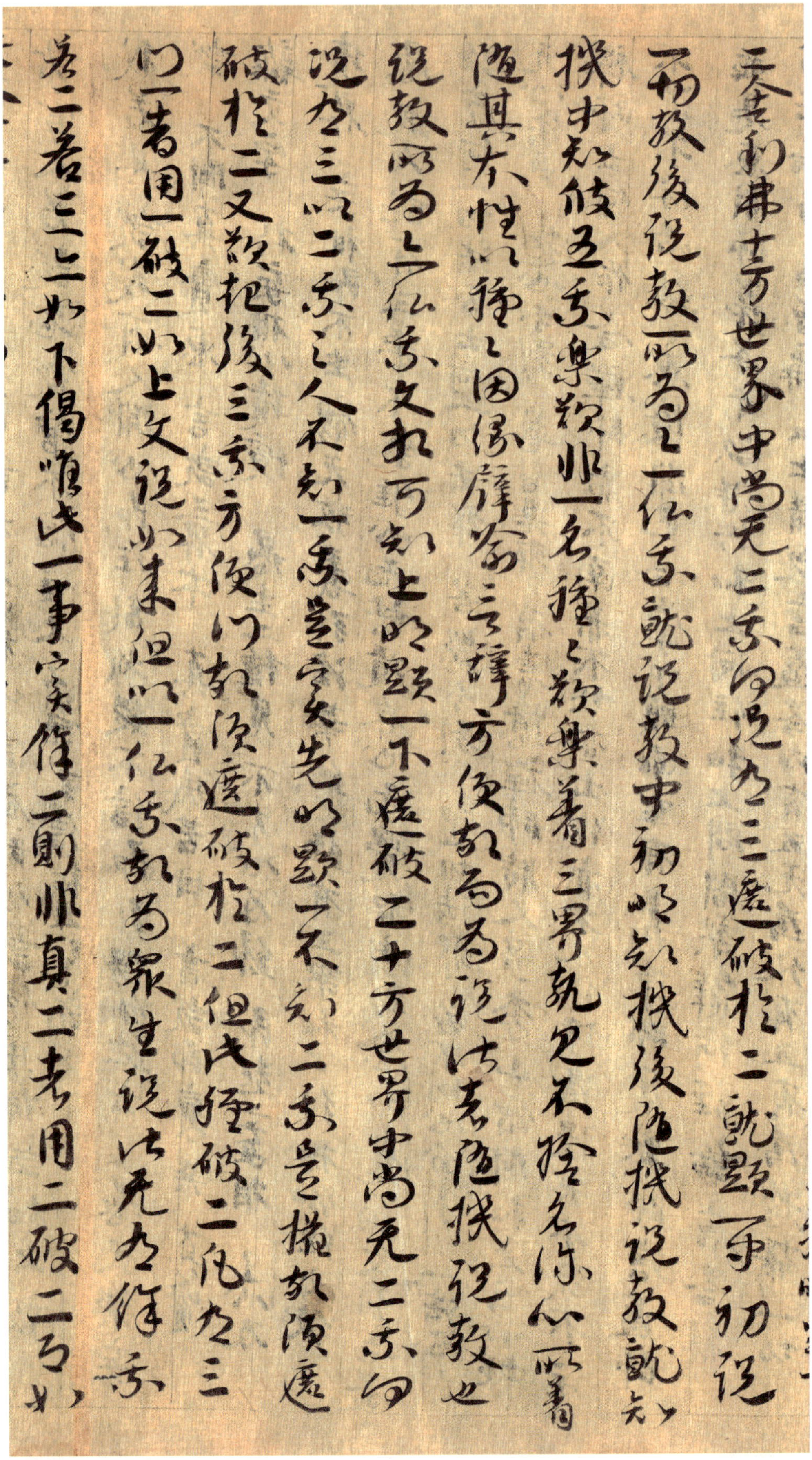

三九二 二「舍利弗，十方世界中，尚无二乘，何况有三」，遮破於二。就顯一中，初

說
三九三 一切教，後說教所爲爲一仏乘。就說教中，初明知機，後隨機說教。就知
三九四 機中，知彼五乘，樂欲非一，名「種種欲」。樂著三界，執見不捨，名「深心
所著」。
三九五 「隨其本性」，以種種因緣譬喻言辞方便故，而爲說法者，隨機說教也。
三九六 說教所爲，亦仏乘文相。可知上明顯一，下遮破二。「十方世界中，尚无二
乘，何
三九七 況有三。」以二乘之人不知一乘是實，先明顯一，不知二乘是權，故須遮
三九八 破於二。又欲起後三乘方便門，故須遮破於二。但此經破二，凡有三
三九九 門。一者，用一破二，如上文說「如來但以一仏乘故，爲衆生說法，无有餘
乘，
四〇〇 若二若三」，亦如下偈「唯此一事實，餘二則非真」。二者，用二破二，即如

校注

此文十方世界中尚无緣覺二何況有聲聞三緣覺爲勝於理尚无
聲聞衆劣豈當得有三者用三破二明於一佛乘方便說三
之也是之彼二世之實也前之有門以无序有後之一門用權破實之
可十方世界中尚无聲聞緣覺二何況有應化大乘三破三既民
文良訖

自下第二明三乘方便門此久來之見有二義
一者本未次第以釋來之上也明一乘是真實宜辯昔三爲方
便執此文來蓋是之昔始發權實有教二者爲釋疑執來有
明一破二及破三既而時衆有疑云若理有一尚无二乘何況有三
者如來見是勝道之人佛初出世時何必可爲衆生宣說唯佛一
乘无有三乘何因緣執道理有一而亦說一道理无三而說三乘
豈非无而言有有而言无而謝執那見說三乘來意於何時中宣

此文，十方世界中，尚无緣覺二，何况有聲聞三。緣覺爲勝，於理尚无，聲聞最劣，豈當得有。三者，用三破二，明於一仏乘，方便説三，三既是獲，二豈實也。前之兩門，以无庍[一]有後之一門，用權破實亦可。十方世界中，尚无聲聞、緣覺二，何况有應化，大乘三破三皈一，此文良驗。自下弟二明三乘方便門。此文[二]來意，凡有二義。一者本末次弟，以釋來意。上既明一乘是真實，宜辯昔三爲方便，故此文來。蓋是今昔始終，權實兩教。二者爲釋疑故，來前以一破二，及破三皈一。時衆即疑云：道理有一，尚无二乘，何况有三者？如來既是躰道之人，仏初出世時，何不即爲衆生宣説，唯仏一乘，无有三乘，何因緣故？道理有一，而不説一，道理无三，而説三乘，豈非无而言有，有而言无，而誑我耶？既説三乘，未知於何時中宣

校注

【一】「庍」，見於東漢《曹全碑》「世宗廓土庍竟」。高文《漢碑集釋》注：「庍竟」即「斥境」（開拓疆土）。【二】「文」，唐本字形與「久」混。

說三乘故法華經云諸佛出於五濁已下至於一佛乘分別說三
乘此顯說時是故下釋出道理明一實無三乘但為濟五濁
鄣深不能堪受一乘故法是故諸佛於劫濁亂時以方便力於
一佛乘分別說三過去衆生皆非佛世之二乘人深自悔責愧佛
如來文中有三一總明諸佛出五濁惡世二別列五名三正明諸
佛於劫濁亂時衆生垢重不堪受於一佛乘方便說三初總可
知就列名中依淨法師取俱舍論次第一命二劫三煩惱四見五衆
生命濁者壽命短劫濁者衰良薦煩惱濁者三毒盛見濁
者五見熾衆生濁者色心劣由命濁故損賊命由劫濁故損
賊命緣由煩惱濁故損賊在家人善法由見濁故損賊出家人善

說三乘？故《法華論》云：從「諸仏出於五濁」已下，至「於一仏乘，分別說三」，來此斷說時。是故下釋，雖道理有一，實无三乘，但爲汝等五濁鄣深，不能堪受一乘妙法，是故諸仏於刧濁乱時，以方便力於一仏乘，分別說三。過在衆生，咎[一]非[二]仏也。令二乘人深自悔責，愧[三]仰如來。文中有三，一摠明諸仏出五濁悪世；二別列五名；三正明諸仏於刧濁乱時，衆生垢重，不堪受一於一仏乘，方便說三。初捴可知。就列名中，依净法師取《俱舍論》次弟，一命，二刧，三煩惱，四見，五衆生。命濁者壽命短，刧濁者衣食薄，煩惱濁者三毒盛，見濁者五見猛，衆生濁者色心劣。由命濁故，損減命躰。由刧濁故，損減命緣。由煩惱濁故，損減在家人善法。由見濁故，損減出家人善

校注

【一】「咎」，唐本字形似「各」（字形參見六六六行）。【二】「非」下，《法華義疏》卷三有「諸」。【三】「愧」，《法華義疏》卷三作「歸」。

法由衆生濁故損減自身八德一壽量二好色三无病四氣力五
正智六正念七正勤八不動若依此經先以劫濁何故然依法
華論此爲釋疑故所疑者云諸佛於何時中宣說三乘爲釋
彼疑說佛出於五濁惡世於劫濁亂時衆生垢重不堪受一說
佛以方便力於一佛乘分別說三但劫有內外飢饉疾病及以刀
兵損壞衆生是其內劫火水与風能壞世界是其外劫劫是
內劫故名劫濁惡世衆生不識父母不識沙門不知道法互相燒害
是衆生濁餘之三濁義如前釋濁者是其不清淨義譬如濁
水不見諸物又不堪飲一切衆生有此五濁亂淨心不見一乘之理
不堪受一乘妙法故名爲濁
問曰五濁与三鄣何異
解云三鄣則重而後局五濁則輕而後通是義云何有三鄣

四二二 法。由衆生濁故，損減自身八德，一長量，二好色，三无病，四氣力，五
四二三 正智，六正念，七正懃，八不動。若依此經，先明刧濁，何故如此？依《法
四二四 華論》，此爲釋疑，故尔疑者云：諸仏於何時中宣説三乘？爲釋
四二五 彼疑，諸仏出於五濁悪世，於刧濁乱時，衆生垢重，不堪受一。諸
四二六 仏以方便力，於一仏乘，分別説三。但刧有内外，飢饉疫病及以刀
四二七 兵損壞衆生，是其内刧，火水与風能壞世界，是其外刧。今是
四二八 内刧，故名刧濁悪世，衆生不識父母，不識沙門，不知道法，互相熜害[一]，
四二九 是衆生濁。餘之三濁義，如前釋。濁者，是其不清淨義。譬如濁
四三〇 水不見諸物，又不堪飲。一切衆生有此五濁，濁乱淨心，不見一乘之理，
四三一 不堪受一乘妙法，故名爲濁。問曰：五濁与三鄣何異？
四三二 解云：三鄣則重而復局，五濁則輕而復[二]通。是義云何？有三鄣

校注

【一】「害」，唐本「宀」下作「吉」，乃「害」之俗字。【二】「復」，疑爲「後」。

者云何入聖道及聖道方便故名為重煩惱之中取上一勤上
利及勤為不利為煩惱鄣作者非鄣故是昏諸仏五濁衆生
說三乘聖教故是種一切煩惱患名為濁故是通
問曰既有業鄣何故无業濁釋云毗尼母經說於五濁之外
業鄣彼見濁屬煩惱攝此經略无　問五濁之內長壽
為短從名為濁者何故八難之中說長壽天難釋云長壽天著
樂仏不生於天訪初入聖道故說為難以為長故不說為濁仏
生五濁惡世說三乘聖教是故非難〻以為短故說之為濁
問曰何故衆生說之為濁三鄣八難不說衆生為鄣為難釋云
以衆生不識父母互相惱害故說為濁以鄣入聖道及聖道方
便故為鄣難仏為濁世衆生說三乘聖教是故衆生非鄣難

者，不得入聖道，及聖道方便，故名爲重。煩惱之中，取亦懃亦利，及勤而不利，爲煩惱鄣。餘者非鄣故，知是重。諸仏〔爲〕[一]五濁衆生説三乘聖教，故知是輕。一切煩惱恚名爲濁，故知是通。問曰：既有業鄣，何故无業濁？解云：《毗尼母經》説於五濁，亦明業鄣没見濁屬煩惱攝，此經略无。問曰：五濁之内，若壽命短促[二]名命濁者，何故八難之中，説長壽天難？解云：長壽天著樂，仏不出於天訪，初入聖道，故説爲難。以命長故，不説爲濁。仏出五濁悪世，説三乘聖教，是故非難。以命短故，説之爲濁。問曰：何故衆生説之爲濁，三鄣八難，不説衆生爲鄣爲難？解云：以衆生不識父母，互相惚害，故説爲濁。以鄣入聖道及聖道方便，故爲鄣難。仏爲濁世衆生説三乘聖教，是故衆生非鄣難

校注

【一】「爲」，唐本無，據文義補。《法華義疏》卷三：「五濁則通，故諸佛爲五濁衆生説三乘教。」【二】「促」，唐本字形似「從」。

也依薩遮尼揵子經說十二濁一示現劫濁二示現時濁三示現衆
生濁四示現煩惱濁五示現命濁六示現三乘差別濁七示現不
[illegible]生濁八示現雜化衆生濁九示現諍訟煩惱濁十示現
[illegible]濁十一示現魔濁十二示現魔業濁　自下第三正明
論和上劫濁現時衆生垢重不堪受乘一佛乘方便說三劫者内
外内三小劫飢饉疫病刀兵時起名劫濁現時氏時衆生煩惱增
盛名為垢重慳貪嫉妬生垢重獨慳貪是貧窮業嫉妬是
下賤因所以偏說慳惜已物名之為慳愛取他財稱為之貪妬
他依果名之為嫉忌他正報稱之為妬慳貪嫉妬既是貧窮下
賤之因尚不能得人乘天乘況得佛一乘々々得佛一乘是富貴乘執於
五乘之中最尚所以是之貴廣備万德是之故稱富故下文云々豪

也。依《薩遮尼揵子經》説十二濁，一示現刧濁，二示現時濁，三乘現衆生濁，四示現煩惱濁，五示現命濁，六示現三乘差别濁，七示現不淨仏國[一]土濁，八示現難化衆生濁，九示現説種種煩惱濁，十示現外道乱[二]濁，十一示現魔濁。十二示現魔業濁。自下弟三正明諸仏[三]刧濁乱時，衆生垢重，不堪受一，於一仏乘方便説三。刧有内外，内三小刧，飢饉、疫病、刀兵將起，名刧濁乱時。此時衆生煩惱增盛，名爲垢重。慳貪、嫉妬，出垢重事[四]。慳貪是貧窮業，嫉妬是下賤因。所以偏説悋惜己物，名之爲慳愛。取他財稱之爲[五]貪，妬他依果名之爲嫉[六]，忌他正報稱之爲妬。慳貪嫉妬，既是貧窮下賤之之因，尚不能得人乘天乘，况諸仏一乘。以諸仏一乘是冨貴乘故，於五乘之中最尊，所以是貴，廣備万德，是故稱冨。故下文言「豪

校注

【一】缺字據《法華義疏》卷三補，參見《大方廣佛華嚴經・世界成就品第四》。【二】缺字據《法華義疏》卷三補。【三】缺字據《法華義疏》卷三補。「諸仏」右有「金和上」，是卷子背面之字，翻過來擋住「諸仏」。【四】「事」，唐本作「體」，據《法華義疏》卷三改。《玉篇・身部》：「躰」、「軆」，並俗「體」字。【五】「之爲」，唐本作「爲之」，中有倒乙符。【六】此短句，《法華義疏》卷三作「忌他外財爲嫉」。

貴如是之大勢力大富長者者是如來成就諸不善根故拔結
諸惡諸佛以方便力於一佛乘分別說三者於一佛乘開出聲聞
緣覺二乘通本佛乘名之爲三非佛乘之外别有三乘破二敗民
之謂也亡何名爲破三敗一如脱珍御服着弊垢衣比垢衣長者受
師子床長者凡夫二乘執爲實佛執須遣破　　　自下第三辨
徒明失門依法華論從此以下斷云何知是增上慢者云第
五千之徒避席佛名增上慢者云何知是增上慢類之擇
未得小乘究竟果自謂已得爲小果非究竟自謂究竟不追求
大教知是之其增上慢也文中有三明其夫之棄爲不從教二明以
者何已下辨徒番失使敢爲信受徒夫之中有有人失中二者
教一未得小乘究竟果自謂已得不信法華教名爲失教二又舍利

貴如是有大勢力」，大冨長者即是如來。成就諸不善根故，捴結諸惡。「諸仏以方便力，於一仏乘分別説三」者，於一仏乘開出聲聞、緣覺二乘，通本仏乘，名之爲三，非仏乘之外別有三乘。破二皈一，此之謂也，亦得名爲破三皈一。如脱珎御服著弊垢衣，此垢衣長者，異師子床長者。凡夫二乘執爲實，仏故須破遣[一]。自下弟三辯德明失門。依《法華論》：從此已下斷，云何知是增上慢疑？疑者云：前五千之徒避席，仏名增上慢者，云何知是增上慢耶？故今解釋，未得小乘究竟果，自謂已得而小果，非究竟自謂究竟，不進求大故，知是其增上慢也。文中有三，明其失，令棄而不從。弟二「所以者何」已下辯德番失，使皈而信受，德失之中，各有兩人。失中二者，弟一未得小乘究竟果，自謂已得，不信法華，故名爲失；弟二又「舍利

校注

【一】「破遣」，唐本作「遣破」，中有倒乙符。

非是々謂比丘比丘尼下明已得小乘果而小果非究竟自謂究竟不
進求大々名為失初是凡夫々々名小乘增上慢位在於煗頂
已得乃五千之徒增上慢者是也後是聖人失之名大乘增上
慢位亦在於無學果中乃決定性增上慢者是也而失之中各
名三句初中二者一勝計顯其執小二不聞不知諸佛如來但教化
菩薩就之辯過顯其迷大三此非佛弟子非阿羅漢辟支佛判
定徒失初二者就弟子自謂阿羅漢辟支佛者此勝計情顯執
小也若我弟子者此是叙凡學小佛弟子也來得小乘究竟果謂
已已得名自謂阿羅漢辟支佛乃五千之徒增上慢者是也
不聞不知諸佛如來但教化菩薩者就之辯過顯其迷大不聞
一乘之教不知一實之理是々其徒佛化菩薩此非佛弟子非阿羅漢

弗，是諸比丘、比丘尼」下，明已得小乘果，而小果非究竟，自謂究竟，不進求大，亦名爲失。初是凡夫失，亦名小乘增上慢，位分在於煗[一]頂已前，即五千之徒，增上慢聲聞是也。後是聖人失，亦名大乘增上慢，位分在於无學果中，即決定性增慢聲聞是也。兩失之中，各有三句。初中三者，一牒計顯其執小；二不聞不知諸仏如來但教化菩薩事，就之辯過，彰其迷大；三此非仏弟子，非阿羅漢、辟支仏，判定德失。初言「若我弟子自謂阿羅漢、辟支仏者」，此牒計情顯執小也。「若我弟子」者，此是外凡學小仏弟子也。未得小乘究竟果，謂已得名，自謂阿羅漢、辟支仏，即前五千之徒，增上慢聲聞是也。「不聞不知諸仏如來但教化菩薩事」者，就之辯過，彰其迷大。不聞一乘之教，不知一實之理，是其諸仏化菩薩事。「此非仏弟子，非阿羅漢，

校注

【一】「煗」，「煖」之俗字，同「暖」。

非辟支仏者明依失也前明未得小乘究竟果謂已得則小乘
亦收後亦聞亦云請仏以来但教化菩薩則大乘亦不採明非內凡四
思弟子非阿羅漢非辟支仏者明非二聖此凡夫失之甚小乘増上
慢自下第二明聖人失亦名大乘増上慢中亦有三句一明執小顕不
識權二便不復志已下明不求大乘甚迷實三當知此輩皆是
増上慢人判定依失初言是諸比丘比丘尼自謂已得阿羅漢是
最後身究竟涅槃者此明執小心識權也二便定性増上慢
聲聞是便不復志求阿耨菩提者明不求大乘甚迷實當知此
輩皆是増上慢人者判依失也雖得小果保執究竟不進求大
未得大乘勝上之法謂已得名増上慢　上来明失已竟為
不得意自下第二辨依當失便解爲説受之有二人第一明仏在世

非辟支仏」者，判德失也。前明未得小乘究竟果，謂己已得，則小乘不收。後不聞不知諸仏如來但教化菩薩事，則大乘不攝。明非内凡。四忍弟子，非阿羅漢，非辟支仏者，明非二聖。此凡夫失，亦名小乘增上慢。自下弟二明聖人失，亦名大乘增上慢。中亦有三句，一明執小，顯不識權；二「使不復志」已下明不求大，彰其迷實；三「當知此輩皆是增上慢人」，判定德失。初言「是諸比丘、比丘尼，自謂已得阿羅漢，是最後身，究竟涅槃」者，此明執小不識權也，即決定性增上慢聲聞是。「便不復志求阿耨菩提[一]」者，明不求大，彰其迷實，當知此輩皆是增上慢人者，判德失也。雖得小果，保執究竟，不進求大，未得大乘勝上之法，謂己已得，名增上慢。上來明失，令棄而不從竟。自下弟二辯德番失，使皈而信受。亦有二人，弟一明仏在世

校注

【一】「阿耨菩提」，《法華經》卷一作「阿耨多羅三藐三菩提」。

時羅漢爲優第二若過佛已下明佛滅度後羅漢爲優就初
中復分爲二第一明佛在世時羅漢爲優第二從佛滅度下釋衆疑
情就文初中所以者何便同把發所以自謂阿羅漢辟支佛者不
知如來但化菩薩者即此同凡夫失第二同聖人失所以比丘比丘尼自
謂已得阿羅漢保執究竟便不復志求菩提者即若有比丘實
得阿羅漢若不信此法無有是處對同釋爲用此文便釋前同
一釋凡夫失二釋聖人失釋凡夫失者明若有比丘實得阿羅漢
若不信此法無有是處明知五千之徒自謂阿羅漢辟支佛者不
聞不知諸佛如來但教化菩薩事非羅漢也釋聖人失者明若有
比丘實得阿羅漢若不信此法無有是處明釋彼比丘比丘尼實
得阿羅漢保究竟人皆其信受此經棄捨小果追求大道

時羅漢爲德，弟二「若遇餘仏」已下，明仏滅度後，羅漢爲德。就初人中，復分爲二，弟一明仏在世時，羅漢爲德；弟二「除仏滅度」下釋衆疑情。就初文[一]中，「所以者何」，雙問起發。所以自謂阿羅漢、辟支仏者，不知如來但化菩薩者何？此問凡夫失。弟二問聖人失，所以比丘、比丘尼，自謂已得阿羅漢，保執究竟，便不復志求菩提者何？若有比丘實得阿羅漢，若不信此法，无有是處。對問解釋，即用此文，雙釋兩門，一解凡夫失，二擊聖人失。解凡夫失者，明若有比丘實得阿羅漢，若不信此法，无有是處。則知五千之徒，自謂阿羅漢、辟支仏者，不聞不知諸仏如來但教化菩薩事，非羅漢也。擊聖人失者，明若有比丘實得阿羅漢，若不信此法，无有是處。則擊彼比丘、比丘尼，實得阿羅漢，保究[二]竟人，令其信受此經，棄捨小果，進求大道。

校注

【一】「初文」，唐本作「文初」，中有倒乙符。【二】「究」，唐本「九」作「丸」，俗字。

習見三々若有比丘實得阿羅漢若不信此法无有是處有比丘比丘尼云實得阿羅漢身故不求菩提釋云有是過法華同上名決定性聲聞雖實得阿羅漢自謂究竟所以不求菩提々々是不愚法聲聞上名迴小向大發菩提心聲聞是故若不信此法无有是處

自下第二釋衆疑情故法華論云謂佛聞法起謗心云何如來不成不堪說法人此之疑有若說是事增上慢比丘將墜於大坑是則違境由於起々謗々由於佛意若聞說生信乃佛有堪然如其起謗寧成他益々々時佛若爲說則彼不起謗彼若起謗則佛不爲說背佛謗者非佛咎對佛信者是々佛然障佛滅度後現有无佛者時衆聞有若有比丘實得阿羅漢若不信此法无有是處時衆乃云一乃有比丘實得阿羅漢而信此法有是々處不故々々爲釋

四九九 問曰：既言若有比丘實得阿羅漢，若不信此法，无有是處，前比丘、比
五〇〇 丘尼，亦實得阿羅漢，何故不求菩提？解云：前是愚法聲聞，亦名決
五〇一 定性聲聞，雖實得阿羅漢自保究竟，所以不求菩提。今是不愚
五〇二 法聲聞，亦名迴小向大發菩提心聲聞，是故若不信此法，无有是處。
五〇三 自下弟二釋衆疑情。故《法華論》云：從仏聞法起謗心，云何如來不成
五〇四 不堪説法人？此意疑前，若説是事增上慢，比丘將墜於大坑。是
五〇五 則墮坑，由於起謗，起謗由於仏宣。若聞説生信，即仏有堪能，如其
五〇六 起謗，寧成化主？今明仏若爲説，則彼不起謗。彼若起謗，則仏不
五〇七 爲説。背仏謗者，非仏咎[一]。對仏信者，是仏能。「除仏滅度後，現前
五〇八 无仏」者，時衆聞前，若有比丘實得阿羅漢，若不信此法，无有是處。
五〇九 時衆即云：叵有比丘實得阿羅漢，不信此法，有是處不？故今爲釋，

校注

【一】「咎」，唐本右上「卜」作點，此形見於索靖《皋陶帖》和唐懷素《聖母帖》。

除仏滅度後者仏已謝現在无仏後仏未興恐枉强　信者難得
難実得阿羅漢不信此經則无是處所以下釋初先徵問所
以除仏滅度後現在无仏不信者何仏滅度後如是之等經受持
讀誦解義者是之人難得何對問釋以仏滅度後此等經難
同受持讀誦解義人難得以不值仏法多緣難実得阿羅漢不
信此經解義人者唯仏是也故下偈誦諸仏興出世懸遠值遇
難
自下第二明仏滅度後羅漢為信者遇餘仏於此法中
便得決了此文之為釋疑故來疑者云何羅漢逢仏滅度後法華
經難同受持讀誦解義人難得則不信此經者未知何時能信
此法是之故釋云若遇餘仏於此法中便得決了此阿羅漢生三界外
諸淨土中若遇餘仏聞法華經則実信解昔權之実一乘三无疑

除仏滅度後，前仏已謝，現前无仏，後仏未興，既杜强。信者難得，雖實得阿羅漢，不信此經，則有是處。所以下釋，初先徵問，所以「除仏滅度後，現前无仏」，不信者何？仏滅度後，如是等經，受持讀誦解義者，是人難得。對問解釋，以仏滅度後，《法華經》難聞，受持讀誦，解義人難得。以不值人法多緣，雖實得阿羅漢，不信此經。解義人者，唯仏是也。故下偈誦：「諸仏興出世，懸遠值遇難。」自下弟二明仏滅度後，羅漢爲德。「若遇餘仏，於此法中便得決了」，此文亦爲釋疑，故來。疑者云：阿羅漢既仏滅度後，《法華經》難聞，受持讀誦，解義人難得，則不信此經者，未知何時能信此法？是故釋云：「若遇餘仏，於此法中便得決了。」[一]此阿羅漢生三界外諸浄土中，若遇餘仏聞《法華經》，則定信解。昔權今實，一有三无，疑

校注

【一】「釋云」下，《法華義疏》卷三無「若遇餘仏於此法中便得決了」。

或衆生雖為決了若遇餘佛者或是於佛或可指迹受名如他
城品所說報於餘國更有異名了其聲也自身有四勸信受持門
依法華論此斷無語疑之曰如來昔說為三今說唯一若昔三
是實則今一為虛若今一是實則昔三為虛實通不容豈非
如來是虛語耶故為釋汝等當一心信解受持佛語諸佛如來
言無虛妄無有餘乘此言明昔三為權故無三一是實故為權
實雖實得益則同以得益同故非虛語也非虛語故汝等當信
故大涅槃經梵行品如來雖無虛妄之言若知衆生因虛妄說
得法利者隨宜方便則為說之
就偈誦中一為廿一行開
為兩義初一為一十四偈誦上長行第二如汝舍利弗聲聞及菩薩當
知是妙法諸佛之秘要下有七行偈歎法深要誡勸弘經誦長

或永除，稱爲決了。「若遇餘仏」者，或是別仏，或可釋迦變名。如《化城品》說「我於餘國更有異名」，即其證也。自下弟四勸信受持門。依《法華論》，此斷忘語疑。疑曰：如來昔說有三，今說唯一，若昔三是實，則今一爲虛，若今一是實，則昔三爲虛，虛實既不定，豈非如來是忘語耶？故今爲釋：汝等當一心信解受持仏語，諸仏如來言无虛忘，无有餘乘。此意明昔三爲權故无，今一是實故有。權實雖異，得益則同，以得益同，故非忘語也。非忘語故，汝等當信。故《大涅槃經·梵行品》：「如來雖无虛忘之言，若知衆生因虛忘說得法利者，隨宜方便則爲說之。」就偈誦中一百廿一行，開爲兩義，初一百一十四偈誦上長行，弟二「汝等舍利弗，聲聞及菩薩，當知是妙法，諸仏之祕要」下有七行偈，歎法深要，誡勸弘經。誦長

校注

行下更分為二初五行偈誦上歎一段不淨衆讚歎淨衆淨物心
然以為由序歎二衆生心所念種之所行道下為一為九行偈誦
上正說破二段一接以妙法上長行由序為三一如來歎說淨為宣
說二前不淨衆三讚歎淨衆之但誦後二初略不誦初三偈
半誦上歎二前不淨衆後一偈半誦上歎三讚歎淨衆初三行
立比丘尼為憍曇上偈優婆塞歎偈優婆不墮信如是四衆等
甚殊為千者誦上長行會中為比丘比丘尼優婆塞優婆姨五
千人等初兩偈標四衆為三通土家二衆同為憍曇上偈通以土家
二衆專求道果但煩惱已盡未所得道謂得道謂未證滅謂
謂證滅謂名憍上偈之為懷者但法華經云若无心而進憍者
然則會理為懷於憍上之道所以為慢心為所懷謂為所以故

行中，更分爲二，初五行偈誦上，弟一毀不浄衆，讃歎浄衆，浄物心器，以爲由序；弟二「衆生心所念，種種所行道」下有一百九行偈誦上，正説破二皈一，授以妙法。上長行由序有三，一如來勑聽，許爲宣説，二簡不浄衆，三讃歎浄衆。令但誦後二，初略不誦。初三偈半誦上，弟二簡不浄衆。後一偈半誦上，弟三讃歎浄衆。初言「比丘、比丘尼，有懷增[一]上慢，優婆塞我慢，優婆姨不[二]信，如是四衆等，其數有〔五〕[三]千」者，誦上長行，會中有比丘、比丘尼、優婆塞、優婆姨五千人等。初一行偈，攝四衆爲三過，出家二衆，同有增上慢過，以出家二衆，專求道果，但燸頂已前，未得道諦，謂得道諦，未證滅諦，謂證滅諦，名增上慢，言有懷者，《注法華經》云：「若无心而進德者[四]，然則[五]會理有懷於增[六]上之道，所以爲慢[七]。」心有所懷，謂有所得故，

校注

【一】「增」，字形似「憎」，依前文釋「增」。【二】「姨不」，唐本作「不姨」，中有倒乙符。【三】「五」，唐本無，據《法華義疏》卷三補。

【四】「者」，《法華義疏》卷四作「耳」。【五】「則」，《法華義疏》卷四作「後」。【六】「增」，唐本作「憎」，據《法華義疏》卷四改。

【七】「慢」下，《法華義疏》卷四有「也」，無「心」。

三乃懐優婆塞執慢者乃我慢過甚人見是之丈夫自謂雄幹
守志不移專精執小執雅執慢執須法華經云雖亦无執為以无執
為執之名執慢此之謂執然後无亂執名執慢優婆夷不信者
乃不信過雖乃四衆二義執不信生家二衆增上慢執不信優婆
塞衆執慢執不信優婆夷衆更是之女人更无餘義直三不信
三不信者謂不信大乘義也故須法華經云雖信非乃之三乘為以
非乃為信是曰不信聲法呼三乘其非乃者明其非是乃非謂
是非乃但女人過執非乃為信執曰不信明是之四衆求其好乃過
千明衆好也不自見其過者明其无雜夫乃過然後謂之智者
長者執之過而不自見謂之愚人於戒乃數漏者明其无以為句
明无小乘究竟雜為謂乃雜此句明无小乘究竟以為謂乃以際

言有懷。「優婆塞我慢」者有我慢過，其人既是丈夫，自謂雄幹，守志不移，專精執小，故稱我慢。故《注[一]華經》云：「雖知无我，而以无我爲我，亦名我慢。」此意謂我能解无我，故名我慢。「優婆夷不信」者，有不信過。雖有四衆，三義故不信。出家二衆，增上慢故不信。優婆塞衆，我慢故不信。優婆夷衆既是女人，更无餘義，直言不信。言不信者，謂不信大乘義也。故《注法華經》云：「雖信非有之言，而以非有爲信，是曰不信。」肇法師云：「言其非有者，明其非是有，非謂是非有。」但女人遂執非有爲信，故曰不信。「如是四衆等，其數有五千」，明衆數也。「不自見其過」者，明其无解。夫有過能知，謂之智者。今有封執之過，而不自見，謂之愚人。「於戒有缺漏」者，明其无行。前句明无小乘究竟解，而謂有解。此句明无小乘究竟行，而謂有行。防

校注

【一】「注」下，當漏「法」。《法華義疏》卷四則無「華」。

非見惡名之爲戒々喩提壞防惡業之非見煩惱之水以破戒故名
之爲漏戒既毀漏則煩惱連溺惡業流溢稱之爲漏殘情甚
瑕疵者此爲釋疑故來疑者云五千之徒既无殊无以仏力
大慈大悲何不說法化之乃亡之其過廣是故釋云由殘情甚瑕
疵不可化也玉之内病名之爲瑕障之地无雜謂之爲雜玉之外病
雜之曰疵喩身口无行謂之爲行上可過去罪根深重障玉之
内瑕現在爲增上慢過喩玉之外疵又内心執心不捨障玉之
内瑕外因說大不受喩玉之外疵長短名殘情非雜情是小智
已生者誦上長行而隱座起禮仏而退衆中之糟糠仏威德故去
者誦上未得謂得未證謂證爲如此失是以不住世尊嘿然
而不制止而嘿然者此威德也此文之爲釋疑故來疑者云五千

五五四 非息悪，名之爲戒。戒喻堤塘[一]，防悪業之非，息煩惚之水。以破戒故名
五五五 之爲缺，戒既毀缺，則煩惚連澍，悪業流溢，稱之爲漏。「護惜其
五五六 瑕疵」者，此爲釋疑，故來。疑者云：五千之徒，既无解无行，仏有
五五七 大悲，大悲何不説法化之，乃令其退席。是故釋云：由護惜其瑕
五五八 疵，不可化也。玉之内病名之爲瑕，譬意地无解，謂之有解。玉之外病
五五九 稱之曰疵，喻身口无行，謂之有行。亦可過去罪根深重，譬玉之
五六〇 内瑕。現在有增上慢過，喻玉之外疵。又内心執小不捨，譬玉之
五六一 内瑕。外聞説大不受，喻玉之外疵。覆短名護，恡非稱惜。「是小智
五六二 已出」者，誦上長行，即從座起，礼仏而退。「衆中之糟糠，仏威德故去」
五六三 者，誦上未得謂得，未證謂證，有如此失，是以不住。「世尊嘿然，
五六四 而不制止。」前嘿然者，此威德也。此文亦爲釋疑，故來。疑者云：五千

校注

【一】「堤塘」，唐本作「提塘」，據《法華義疏》卷四改。

之徒免不自見其過於戒乃缺漏護惜其瑕疵入仏法中乃
何所得仍為不住是故釋云衆中糟糠仏威德故去五千之徒
但以斷常之糟糠失中道之真味上一句二乘推教理外妄立辟果外
之糠一乘妙理究竟真實喩糠内之米五千之徒但同二乘推教
亦云一實之理約喩名法故稱糟糠仏威德故去者但法華經云日
出則星自影風起則塵沙自息世尊威音之日威德猶風故云之五
千之徒避席而去斯人尠福德不堪受是法者釋去之所以尠者
少也以少福德不堪故去乃誦長行此輩罪根深重上長行擧罪根
深重雖不住所由上偈誦擧少福德釋去之所以斯乃語之左右也
上誦第二段不淨衆竟此衆无枝葉唯有諸貞實者誦上第三讃
歎淨衆衆上此衆无復枝葉純有貞實舎利弗善聽諸仏所得

五六五 之徒既不自見其過，於戒有缺漏，護惜其瑕疵，入仏法中有
五六六 何所得？何爲不住？是故釋云：衆中糟糠，仏威德故，去五千之徒，
五六七 但得斷常之糟糠，失中道之真味。亦可二乘權教，理外妄立，譬米外
五六八 之糠。一乘妙理，究竟真實，喻糠内之米。五千之徒但聞二乘權教，
五六九 不知一實之理，約喻名法，故稱糟糠。「仏威德故去」者，《注法華經》云：
「日
五七〇 出則黑白自別，風起則塵沙自飛。」[一]世尊智恵之日，威德猛風，故令五
五七一 千之徒避席而去。「斯人尠福德，不堪受是法」者，釋去之所以。尠者，
五七二 少也。以少福德不堪故去，即誦長行，此輩罪根深重。上長行舉罪根
五七三 深重，解不住所由，今偈誦舉少福德，釋去之所以，斯乃語之左右也。
五七四 今[二]誦弟二段不浄衆竟。「此衆无枝葉，唯有諸貞實」者，誦上弟三讃
五七五 歎浄衆：「我今此衆，无復枝葉，純有貞實。」「舍利弗善聽，諸仏所得

校注

【一】此二短句，《法華義疏》卷四作「風起則塵沙自飛，日出則黑白自別。」【二】「今」，據文義當作「上」。

法无量方便力而為衆生説者誦上長行如々善聴當為汝説
自下第二誦上正説段以妙法上長行有四門第一示真實門第二
示方便門第三辯佐明失門第四歎信受持門々々之通誦成四一百九
偈四為四初有七十四行半誦上一示真實門第二舎利弗當
知我以仏眼観已下有廿六行半誦上三示方便門第三諸仏興出世
懸遠値遇難下四行半誦上辯佐明失門第四汝等勿有疑我
為諸法王下一行半誦上歎信受持門就誦一示真實門中上長
行有三第一釋迦自説一示門第二引説證成門第三釋迦慎同門
々々之通誦成三七十四行半偈四為三初卅四偈誦上釋迦自説一
示門第二過去无数劫无量滅度仏已下有卅八行半偈誦上引
説證成門第三々我々一如是安穏衆生我以下有両行偈誦上釋迦

法，无量方便力，而爲衆生説」者，誦上長行，汝今善聽，當爲汝説。自下弟二誦上正説授以妙法。上長行有四門，弟一一乘真實門，弟二三乘方便門，弟三辯德明失門，弟四勸信受持門。今還誦此四，一百九偈，開爲四别。初有七十四行半誦上一乘真實門，弟二「舍利弗當知，我以仏眼觀」已下有廿八行半誦上三乘方便門，弟三「諸仏興出世，懸遠值遇難」下四行半誦上辯德明失門，弟四「汝等勿有疑，我爲諸法王」下一行半誦上勸信受持門。就誦一乘真實門中，上長行有三，弟一釋迦自説一乘門，弟二引説證成門，弟三釋迦慎同門。今還誦此三、七、十四行半偈，開爲三别。初卅四偈，誦上釋迦自説一乘門。弟二「過去无數刧，无量滅度仏」已下有卅八行偈，誦上引説證成門。弟三「今我亦如是，安穩[一]衆生故」下有兩行偈誦上釋迦

校注

【一】「穩」，《法華經》卷一作「隱」。《資治通鑑》唐玄宗天寶十四年「聖人安隱」，胡三省注：「隱，讀曰穩。唐帖多有寫穩字爲隱字者。」

頌同門就誦釋迦自說一乘門中長行有三第一讚歎一乘門第二
勸信一乘門第三辨仏說教之門之偈誦猶勢亦依前次卅四
偈開為三義初廿二行半偈誦辨仏說教之門第二若我遇衆
生盡教以仏道下九行半偈釋時衆疑情第三為方便力開示
三乘法下有兩行偈彰己方便勸衆除疑之誦長行勸信不虛
門就誦仏說教之之門中廿二行半偈開為兩義初十二行半偈明昔
教之誦上隨宜說法之之趣難解唯有諸仏乃能知之第二舉開
若菩薩聞我所說法下有十二行偈明今教之誦上唯以一大事因緣故
生現於世乃至无有餘乘若二若三一切十方諸仏法亦如是初中
復二初八行偈明昔宣說小乘教之之第二有仏子心淨柔軟亦利
根下三行半偈明昔宣說大乘教之之初中復二初五行偈正明說

五八七 憤同門。就誦釋迦自說一乘門中，長行有三，弟一讚歎一乘門，弟二
五八八 勸信不虛門，弟三辯仏說教意門。今偈誦轉勢，不依前次，卅四
五八九 偈，開爲三義。初廿二行半偈，誦辯仏說教意門。弟二「若我遇衆
五九〇 生，盡教以仏道」下九行半偈，釋時衆疑情。弟三「我有方便力，開示
五九一 三乘法」下有兩行偈，彰己方便勸衆除疑。即誦長行勸信不虛
五九二 門。就誦仏說教意門中廿二行半偈，開爲兩義。初十一行半偈，明昔
五九三 教意。誦上隨宜說法，意趣難解，唯有諸仏乃能知之。弟二「聲聞
五九四 若菩薩，聞我所說法」下有十一行偈，明今教意。誦上「唯以一大事因緣故
五九五 出現於世」，乃至「无有餘乘，若二若三」，「一切十方諸仏，法亦如是」。
初中
五九六 復二，初八行偈，明昔宣說小乘教意，弟二「有仏子心浄，柔軟亦利
五九七 根」下三行半偈，明昔宣說大乘教意。初中復二，初五行偈，正明說

校注

小論上長行隨宜說法弟二段設是方便之門入仏慧下有三行偈
明說小之意論上長行之趣雖釋唯自有諸仏乃能知之就說小
中更開為二初有五句歎仏知機弟二以諸緣譬喻言辭方便
力下三行三句隨機說小就知機中初一行偈舉所知機後之一句
明仏能知所知機中初之三句現在機性後之一句過去業因以
現由過因故次論之仏慧知是已歎仏能知久已知竟名知是已隨
機說小中三行三句開為三義初之三句揔明說教之雖於機次
行半所明所說之教後行半明說教所為初揔可知弟二列中
初對昔小機逐說小乘九部之教或說脩多羅者此云經也聖人
之說能貫穿法相如經貫花約喻名經依對法論翻本素怛
纜此云契經謂契理契機經由經也義依小乘毗曇脩多羅品

五九八　小，誦上長行隨宜説法，弟二「我設是方便，令得入仏恵」下有三行偈，
五九九　明説小之意，誦上長行意趣難解，唯有諸仏乃能知之。就説小
六〇〇　中，更開爲二。初有五句，歎仏知機。弟二「以諸緣譬喻，言辞方便
六〇一　力」下三行三句，隨機説小。就知機中，初一行偈，舉所知機，後之一句
六〇二　明仏能知。所知機中，初之三句，現在機性，後之一句，過去業因。以
六〇三　現由過[一]因故，次誦之。[二]「仏悉知是已」，歎仏能知。久已知竟，名知是
已。隨
六〇四　機説小中，三行三句，開爲三義。初之三句，捴明説教，教稱於機。次
六〇五　一行半，別明所説之教。後一行半，明説教所爲。初捴可知。弟二列中，
六〇六　既對昔小機，還説小乘九部之教。「或説脩多羅」者，此云綖也。聖人
六〇七　言説能貫穿法相，如綖貫花，約喻名綖。[三]依《對法論》梵本素怛
六〇八　纜，此云契經，謂契理契機，經由[四]綖也。若依小乘《毗曇·脩多羅品》，

校注

【一】「過」，右上似「田」，字形似「遇」。【二】此句，《法華義疏》卷四作「以現欲由於往業，故次頌之」。【三】參見《無量壽經義疏》卷一。【四】「由」，通「猶」。《梵網古迹抄》卷一：「天親論云：謂能貫穿，以教貫義，以教攝生，名之爲經。猶綖貫花，如經持緯。」

翻有五義一曰出生出生諸義故二曰涌泉義味无盡故三曰顯示
顯示諸義故四曰繩墨辯諸邪正故五曰結鬘貫穿諸法故若
依大乘乃二種修多羅一別經修多羅如十二部中修多羅部是
修士部故名別經二名捴經修多羅二名通經如大涅槃經梵
行品說云何名爲修多羅經始從如是我聞乃至歡喜奉行皆是
一切名修多羅々々此所說是其別經修多羅若三藏中修多羅
別豎長爲橫橫豎長故捴十二部經橫狹故三藏之中但一藏捴
十二部經中修多羅別橫闊爲豎狹橫闊故捴三藏豎狹故十二
部經中但一部捴依對法說十二分聖教三藏所捴通教同其二
藏釋經意論說有諷誦自說此五教同藏中素怛纜藏捴緣
起譬喻本事本生此四三藏中毗奈耶藏并當屬捴緣起是也毗

番有五義，一曰出生，出生諸義故；二曰湧泉，義味无盡故；三曰顯示，顯示諸義故；四曰繩墨，辯諸邪正故；五曰結鬘，貫穿諸法故。若依大乘，有二種脩多羅。一別相脩多羅，如十二部中脩多羅部，異餘十一部故名別相。二名揔相脩多羅，亦名通相。如《大涅槃經·梵行品》説：「云何[一]名爲脩多羅經？始[二]從如是我聞，乃至歡喜奉行，如是一切名脩多羅。」今此所論，是其別相脩多羅。若三藏中脩多羅則竪長而横狹，竪長故攝十二部經，横狹故三藏之中但一藏攝。十二部經中脩多羅，則横濶而竪狹，横濶故攝三藏，竪狹故十二部經中但一部攝。依《對法論》，[三]十二分，聖教三藏所攝，通聲聞、菩薩二藏。契經、應誦、記別、諷誦、自説，此五聲聞藏中，素怛纜藏攝。緣起、譬喻、本事、本生，此四二藏中，毗奈耶藏，并眷屬攝。緣起[四]，是正毗

校注

【一】「云何」，《大般涅槃經》北凉譯本卷十五作「何等」。【二】「始」，《大般涅槃經》北凉譯本卷十五無。【三】本節以下文字，詳參《大乘阿毗達磨集論》卷六、卷十一。【四】「緣起」，《大乘阿毗達磨集論》卷十一作「緣起者，宣説有因緣建立諸學處」。

奈耶藏毗奈耶中三是彼所屬攝方廣希法此二菩薩藏中素怛纜藏攝論義一種通二藏中阿毗達磨藏攝欲顯法花无定言若雖說小乘之入大所以言或教下偈云我此九部法隨順衆生說入大乘為本以故說是經云伽陀者此云不重誦偈亦名孤起偈依對法論名為諷誦直以偈辭諷誦說法所謂諸惡莫作諸善奉行自淨其意是諸佛教亦名伽陀經文本事者梵語伊帝越多伽此云本事說他聖人往古之事名本事經云本生者梵語闍陀伽此云本生說佛自身過去受生諸苦行本起事名本生經未曾有者梵語阿浮陀達磨此云未曾有對法論中名為希法如以太子初生於十方面各行七步舉手則凡鉢白項菩聽經獼猴奉蜜黑驢古希奇名未曾有經亦名希法亦說於因

六二〇 柰耶藏。譬喻等三，是彼眷屬攝。方廣、希法，此二菩薩藏中，素怛
六二一 纜藏攝。論義一種，聲聞、菩薩二藏中，阿毗達磨藏攝。欲顯法相无
六二二 定，昔雖説小，意令入大，所以言或。故下偈云：「我此九部法，隨順衆生
六二三 説，入大乘爲本，以故説是經。」言伽陁者，此云不重誦偈，亦名孤起
六二四 偈，依《對法論》名爲諷誦，直以偈辞諷誦諸法。所謂「諸悪莫作，諸善
六二五 奉行，自浄[一]其意，是諸仏教」故名。「伽陁[二]及本事」者，梵語伊帝越
六二六 多伽，此云本事。説他聖人往古之事，名本事經。言「本生」者，梵語
六二七 闍陁伽，此云本生。説仏自身過去受生諸菩薩行本相應事，名本
六二八 生經。「未曾有」者，梵語阿浮陁達摩。此云未曾有。《對法論》中名爲
六二九 希法。至如太子初生，於十方面各行七步。青牛行瓦鉢，白項苟[三]聽
六三〇 經，猕猴奉蜜器。曠古希奇[四]，名未曾有，經亦名希法。「亦説於因

校注

【一】「浄」，唐本字形似「諍」。【二】「陁」下，唐本有「經」，據《法華經》卷一删。【三】「苟」，通「狗」。【四】「竒」，同「奇」。

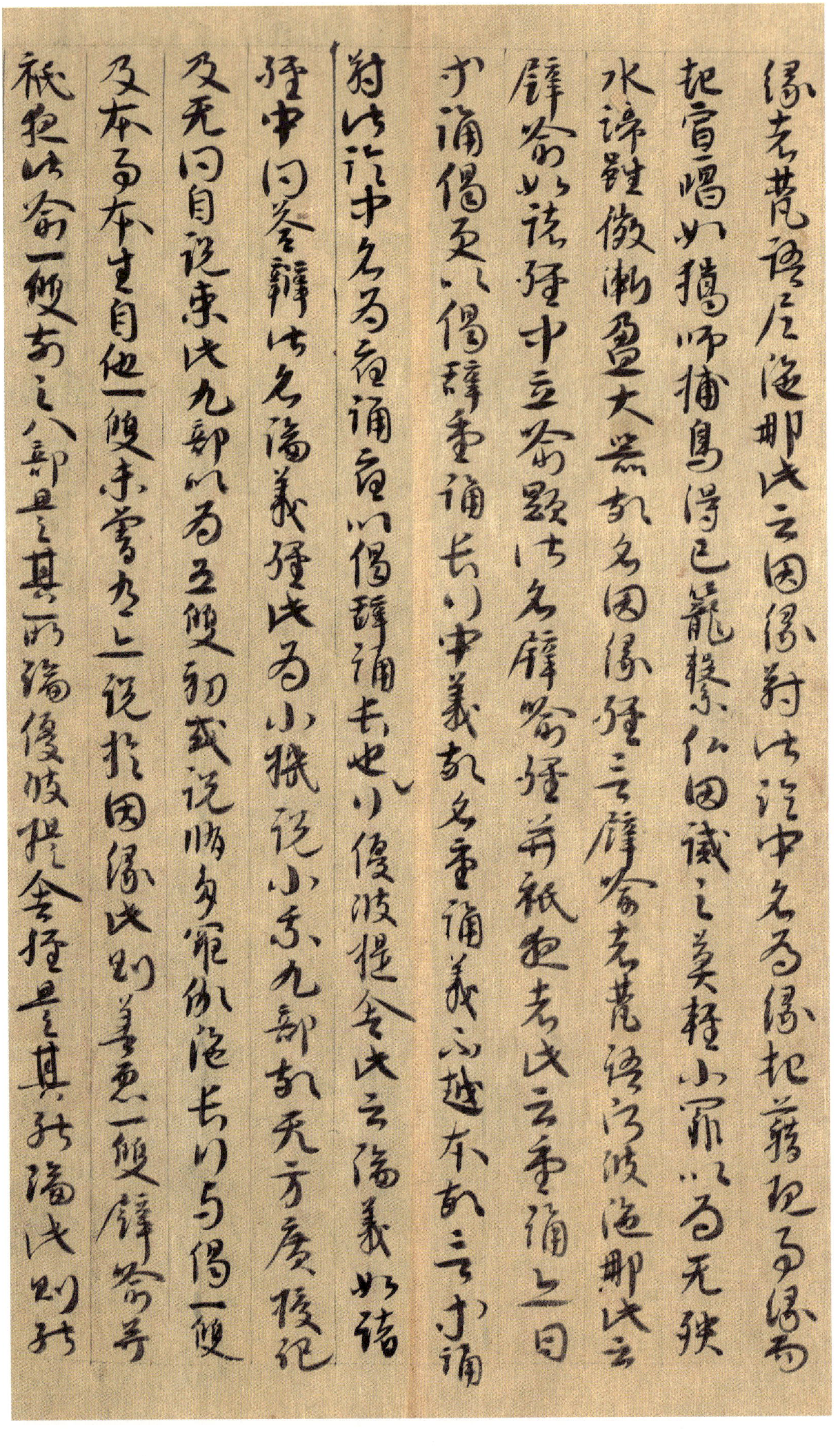

緣者梵語尼陁那此云因緣對法論中名為緣起藉現事緣而
起宣暢如鸛師捕鳥得已籠縶仙因識之莫輕小罪以為無殃
水渧雖微漸盈大器故名因緣經云譬喻者梵語阿波陁那此云
譬喻以諸經中立喻顯法名譬喻經并祇夜者此云重誦亦曰
亦誦偈是以偈頌重誦長行中義故名重誦義不越本故云亦誦
對法論中名為應誦應以偈頌誦長也優波提舍此云論義如諸
經中問答辯法名論義經此為小機說小乘九部教無方廣授記
及無問自說來此九部以為五雙初或說脩多羅伽陁長行與偈一雙
及本事本生自他一雙未曾有亦上說於因緣此則善惡一雙譬喻等
祇夜此論一雙前之八部是其所詮優波提舍經是其能詮此則能所

〔六三〕緣」者，梵語尼陁那，此云因緣。《對法論》中名爲緣起，藉現事緣而

六三二 起宣唱。如獦[一]師捕鳥得已籠繫，仏因誡之，莫輕小罪以爲无殃。
六三三 水渧[二]雖微，漸盈大器，故名因緣。經言「譬喻」者，梵語阿波陁那，此云
六三四 譬喻。如諸經中立喻顯法，名譬喻經。「并祇夜」者，此云重誦，亦曰
六三五 等誦。偈更以偈辞重誦長行中義，故名重誦，義不越本，故言等誦。
六三六 《對法論》中名爲應誦，應以偈辞誦長行也[三]。「優波提舍」，此云論義，如
諸
六三七 經中問答辯法，名論義經。此爲小機説小乘九部，故无方廣授記
六三八 及无問自説。束此九部，以爲五雙。初「或説脩多羅，伽陁」，長行与偈一
雙。
六三七 「及本事、本生」，自他一雙。「未曾有，亦説於因緣」，此則善悪一雙。
「譬喻并
六四〇 祇夜」，法喻一雙。前之八部是其所論，「優婆提舍經」是其能論，此則能

校注

【一】「獦」，同「獵」。【二】「渧」，同「滴」。【三】「行也」，唐本作「也行」，中有倒乙符。

所以般九部之与十二經論不同凡有四門一大小偏廣門大乘小乘名
同十二為對生死十二因緣之病故也小乘法中經正名方等多雜
廣之名方廣經義門因起果空門不失之名授記經不請而
自宣唱名無問自說經小乘如此大乘十二義則可知二大小偏略門
大乘小乘各有九部大乘利根不假因緣譬喩論義名作九部小
乘未聽方廣之理故無方廣未說門因作佛之義故無授記法
淺易證故無之問自說經　三大略而小廣門如地持論及大
涅槃經說十二部中方廣一部菩薩所持餘十一部二乘所持
四大廣而小略門大乘具足滿字故具足十二部經如大涅槃經梵行品
說小乘具足半字故但存九部等如此說　上來第二對明所
說之教竟自下第三明說教所為鈍根樂小法貪著於生死明

所一雙。九部之与十二經論不同，凡有四門。一大小俱廣門，大乘小乘各開十二，爲對生死十二因緣之病故也。小乘法中語正名，方言多稱廣，亦有方廣經義。行因剋果，定得不失。亦有授記經，亦有不請而自宣唱，名无問自說經。小乘如此。大乘十二義則可知。二大小俱略門，大乘小乘各開九部，大乘利根不假因緣，譬喻論義有餘九部。小乘未辯方廣之理，故无方廣。未說行因作仏之義，故无授記。法淺易諮，故无无問自說經。三大略而小廣門，如《地持論》及《大涅槃經》說十二部中，方廣一部菩薩所持，餘十一部二乘所持。四大廣而小略門，大乘是滿字，故具足十二部經，如《大涅槃經·梵行品》說。小乘是半字，故但存九部，即如此說。上來弟二別明所說之教竟。自下弟三明說教所爲。爲「鈍根樂小法，貪著於生死」，明

校注

九小機於諸无量仏所修好道明无大欲為是等故宣說小乘九
部經教之人依習學得小涅槃故云為是說涅槃
四日忽之以鈍根樂小法伊故彼云貪著於生死私云約機根為論
則鈍根樂小法既情為經則貪著於生死之可樂小法衆生雖不
涅槃望於大乘之是則貪著豪易生死故也　上來第一正明
說小誦上長行隨宜說法竟自下第二明說小之意誦上長行之趣
雖有唯九說仏乃然如之三行偈文開為四義初之半偈明其昔
日說小之意第二一偈明其昔日未得說大第三半偈明其之會
說大所由第四就此九部法下九之一行偈明昔宣說小教所以初云我
說是之方便今得入仏慧者明其昔日說小之意也之入仏慧重是之
故昔日為之說小昔雖說小之死於大小然趣大雖為方便說仏一

六五二 有小機。「於諸无量仏，不行深妙道」，明无大欲。爲是等故，宣說小乘九
六五三 部經，教令依習學得小涅槃，故云「爲是說涅槃」。
六五四 問曰：既言「鈍根樂小法」，何故復云「貪著於生死」？解云：約機根而論，
六五五 則「鈍根樂小法」，就情而語，則「貪著於生死」，亦可樂小法。衆生雖得小
六五六 涅槃，望[一]於大乘，即是貪著變易生死故也。上來第一正明
六五七 說小，誦上長行，随宜說法竟。自下第二明說小之意，誦上長行意趣
六五八 難解，唯有諸仏乃能知之。三行偈文，開爲四義。初之半偈，明其昔
六五九 日說小之意。第二一偈，明其昔日未得說大。第三半偈，明其今會
六六〇 說大所由。第四「我此九部法」下有一行偈，明昔宣說小教所以，初言「我
六六一 設是方便，令得入仏恵」者，明其昔日說小意也。意令入仏智恵，是
六六二 故昔日爲之說小。昔雖說小，意在於大，小能趣大，稱爲方便。證仏一

校注

【一】「望」，唐本字形似「堅」。

乘名入仏道未嘗説汝等當得成仏道者正明昔日未得説大所以
未嘗説之時未至故者釋昔未得説大所以之失機未熟名時未至
〻〻是〻其時決定説大乘者明其甚〻會説大所由〻〻大機正是熟
時名為〻〻正是〻其時決定説大乘者正明説大昔説小乘指為不了
不名決定〻〻説大乘〻〻言意顯了稱為決定〻可大品経亦顯教有密
化二乘指為決定指二乘未決定〻〻顯教有顯化二乘故名決定此
第二之意第四義中我此九部法随順衆生説者小乘九部随順小機
衆生説也入大乘為本以故説是経者明昔宣説小教所以入由得
也以小乘九部与得大為本以是義故説是小乘九部之経上来第
一有八行偈明昔宣説小乘教之意自下第二三行半偈明昔宣
説大乘教〻〻

四目有四所以彼序昔説大乘二教得云序

六六三 乘，名入仏恵。「未曾説汝等，當得成仏道」者，正明昔日未得説大。「所以
六六四 未曾説，説時未至故」者，解昔未得説大所以。以大機未熟，名時未至。
六六五 「今正是其時，決定説大乘」者，明其今會説大所由。由今大機正是熟
六六六 時，名各[一]今正是其時。「決定説大乘」者，正明説大。昔説小乘，權而不
了，
六六七 不名決定。今説大乘，言意顯了，稱爲決定。亦可《大品經》等，顯教菩薩密
六六八 化二乘，於菩薩爲決定，於二乘未決定。今顯教菩薩顯化二乘，故名決定。此
六六九 弟三竟。弟四義中，「我此九部法，隨順衆生説」者，小乘九部，隨順小機
六七〇 衆生説也。「入大乘爲本，以故説是經」者，明昔宣説小教所以。入由[二]解
六七一 也。以小乘九部与解大爲本，以是義故，説是小乘九部之經。上來弟
六七二 一有八行偈，明昔宣説小乘教意竟。自下弟二三行半偈，明昔宣
六七三 説大乘教意。問曰：有何所以雙序昔説大乘二教？解云：序

校注

【一】「各」，當是衍文。【二】「由」，通「猶」。

昔小教嘆發問鈍根樂於小法昔迷来、悟大乘意々回小入大学
々々二乘序昔大教歎彼直往頓悟菩薩始從華嚴集後終至靈山
會前大機已熟利根早悟早入仏恵所乃歎菩薩之先達嘆發問為
後悟執下譬出品云是諸衆生世々已来常受我化始見我身聞
我所説即便信受入如来之恵此是直往頓悟菩薩早悟仏乘次云除
先修習学小乘者如是之人我今亦令得聞是經入於仏恵此明迴
小入大漸悟發問晩悟仏恵　　次又三之前序昔小教明昔説
小乘為方便々々序昔大教明三乘中大乘々是々方便々々将欲會
三歸一所以先序小教後述大乘々々譬亦然前序昔小教為久可云
執誤是方便々々得入仏恵一乃使是々方便若三乘中大乘是之方便

六七四 昔小教，嗟聲聞鈍根樂於小法。昔既未悟大乘意，令迴小入大學。
六七五 今一乘序昔大教，歎彼直往頓悟菩薩，始從華嚴集後，終至靈山
六七六 會前，大機已熟，利根早悟，早入仏恵。斯乃歎[一]菩薩之先達，嗟聲聞而
六七七 後悟。故下《踴出品》云：「是諸衆生，世世已來，常受我化」，「始見我
身，聞
六七八 我所説」，即便得入如來之恵[二]。此是直往、頓悟菩薩，早悟仏乘。次云：
「除
六七九 先脩習學小乘者，如是等[三]人，我今亦令得聞是經，入於仏恵。」此明迴
六八〇 小入大，漸悟聲聞，晚悟仏恵。有人言：前序昔小教，明昔説
六八一 小乘爲方便。今序昔大教，明三乘中大乘亦是方便。今將欲會
六八二 三皈一，所以先序小教，後述大乘。今謂不然。前序昔小教，而文[四]即云：
六八三 「我設是方便，令得入仏恵」，可使是方便。若三乘中大乘是方便

校注

【一】「斯乃歎」，《法華義疏》卷四作「乃是數以歎」。【二】「便得入如來之恵」，《法華經》卷一作「即皆信受入如來慧」。【三】「等」，《法華經》卷一作「之」。【四】「文」，唐本作「久」，據文義改。《法華義疏》卷四：「今謂不然，前明小乘，而文辨小乘爲方便……」

者上章云昔說大乘是之方便而文不亦直明昔說大乘不言
是方便執者昔小爲方便昔三乘中大乘非方便也又有序小教爲
鈍根樂小法會著於生死先爲說小後令入大晚聞大乘可是方
便之述昔大教明爲仏子心浄菓報上利根早聞大乘得授記
執者三乘中大乘非方便也又三乘中大乘是之方便者則華嚴大品
般若等教是方便爲讃法之甚此則罪之大也從真明實執窮
藏之經之非大非小非權非實但無名相中爲衆生故假名相說小
教權爲不可執是方便大乘究竟顯了雖爲真實三行半偈同
爲有義初三行偈歎彼直往頓悟菩薩利根爲七種早義早
聞大乘早得授記爲序後聞薄福鈍根爲七種晚義晚聞大乘
晚得授記第二仏者彼八行執爲說大乘此半偈明諸仏昔日說大

者，亦應云昔説大乘是方便。而文不尔，直明昔説大乘，不言是方便，故知昔小爲方便。昔三乘中，大乘非方便也。又前序小教爲「鈍根樂小法，貪著於生死」，先爲説小，後令入大，晚聞大乘，可是方便。今述昔大教，明「有仏子心浄，柔軟亦利根」，早聞大乘，早得授記。故知三乘中，大乘非方便也。又三乘中大乘是方便者，則《華嚴》《大品》《般若》等教，悉是方便，即謗法之甚，此則罪之大也。論真如實相，寂滅之理，亦非大，非小，非權，非實，但无名相。中爲衆生，故假名相。説小教權而不可，故是方便。大乘究竟顯了，稱爲真實。三行半偈，開爲兩義。初三行偈，歎彼直往、頓悟菩薩福德利根有七種早義，早聞大乘，早得授記，即庠聲聞薄福鈍根有七種晚義，晚聞大乘，晚得授記。弟二「仏知彼心行，故爲説大乘」，此半行偈[一]，結[二]仏昔日説大

校注

【一】「行偈」，唐本爲「偈行」，中有倒乙符。【二】「結」，唐本字形似「諸」。《法華義疏》卷四：「第二結昔説大乘意。」

言上言誦上唯有諸佛乃能知之初有佛子心淨柔輭上利根
者是第一句歎直菩早有信重堪聞之德乃序發聞無有信
重無堪聞德直往菩從佛化生發堪繼名為佛子雖凡夫二
乘有所聞猪執雜心淨有無所得信心順從諸佛不違大乘教名柔
輭我歎信也亦利根者歎其重也大乘法海信為能入智為能度
所以歎之無量諸佛所而行深妙道者是第二句歎直往菩早
脩大因曾序發聞晚脩大因值佛既多無量諸佛所脩因又積為
行深妙道為此諸佛子說是大乘經者是第三句歎直往菩
早聞大乘曾序發聞晚聞大乘名菩大品般若等教為大乘經菩
為直往菩作般若之名名為迴小入大發聞為法華之雜教也諸大
乘經顯道一義同教智度語言法華經者是〻般若〻之實名為明

意，亦即誦上唯有諸仏乃能知之。初「有仏子心淨，柔軟亦利根」者，是弟一句。歎直〔往〕[一]菩薩早有信恵堪聞之德。即庠聲聞无有信恵，无堪聞德。直往菩薩，從仏化生，終堪紹繼，名爲仏子。離凡夫二乘有所得垢，故稱心淨。有无所得信心順從諸仏，不違大乘，故名柔軟。此歎信也。「亦利根」者，歎其恵也。大乘法海，信爲能入，智爲能度，所以歎之。「无量諸仏所，而行深妙道」者，是弟二句。歎直往菩薩早脩大因。即庠聲聞晚脩大因。值仏既多，无量諸仏所脩因，又積而行深妙道。「爲此諸仏子，説是大乘經」者，是弟三句。歎直往菩薩早聞大乘。即庠聲聞晚聞大乘。名昔《大品》《般若》等教爲大乘經，昔爲直往菩薩作般若之名，今爲迴小入大聲聞爲法華之稱，故知諸大乘經顯道義同。[二]故《智度論》云「《法華經》者，是般若之異名」，即明

校注

【一】「往」，唐本無，據六七五、六七八、六九七、七〇四行等補。【二】此句釋《法華義疏》卷四「故《涌出品》云『是諸衆生始見我身聞我所説即入佛慧』，佛慧則《法華》平等大慧，但昔作《華嚴》、《波若》之名耳。今爲迴小入大之人作《法華》之説，故知大乘顯道義同」。

説也説記以是人来世成仏道者是ゝ第四句歎直往菩薩得授記
乃聲聞晩得授記以深心念仏者是第五句歎直往菩薩得
随自意説得授記乃聲聞晩随自意説晩得授記發心
在於諸仏境界与實觀相應故云以深心念仏ゝ二句心境並窮
縁觀俱泯与仏境相應名深心念仏故大品経云ゝ何名念仏謂
無憶念故是名念仏随持浄戒故者是第六句歎直往菩薩得
随浄戒故得授記乃聲聞晩随浄戒故晩得授記随持
菩薩三聚浄戒心無所得離凡夫二乗名所得悪故随浄戒此亦
聞得仏大喜充遍身者是第七句歎直往菩薩得記故得生歡
喜乃聲聞晩得記故晩生歡喜三禅楽最勝由是ゝ小喜
ゝゝ蒙仏授記当得仏楽ゝ中最勝故稱大喜ゝゝ善極名充遍

證也。「我記如是人，來世成仏道」者，是弟四句。歎直往菩薩早得授記。即庠聲聞晚得授記。「以深心念仏」者，是弟五句。歎直往[一]菩薩早脩正念，故早得授記。即庠聲聞晚脩正念，故晚得授記。繫心在於諸仏境界，与實觀相應。故云：以深心念仏。亦可心境並寂，緣觀俱泯，与仏境相應，名深心念仏。故《大品經》云：「云何名念仏？謂无憶念故，是爲念仏。」「脩持浄戒故」者，是弟六句。歎直往菩薩早脩浄戒，故早得授記。即庠聲聞晚脩浄戒，故晚得授記。脩持菩薩三聚浄戒，心无所得，離凡夫二乘有所得悪，故稱浄戒。「此等聞得仏，大喜充遍身」者，是弟七句。歎直往菩薩早得記，故早生歡喜。即庠聲聞晚得記，故晚生歡喜。三禪樂最勝，由[二]是小喜。今蒙仏授記，當得仏樂，樂中最勝，故稱大喜。喜之普極，名充遍

校注

【一】「往」，唐本「彳」小訛，依前行正之。【二】「由」，通「猶」。

乎仏知彼心行故為説大乘者諸仏菩薩説大乘竟也上一行誦上唯
有諸仏乃能知之仏初成道也彼直往菩薩心行利根早悟故早
為説大乘
上来第一明菩教竟誦上長行随宜説法
之趣難解唯有諸仏乃能知之竟自下第二明三教竟誦上長行
唯以一大事因縁故出現於世乃至一切十方諸仏法亦如是猶誦之
不依長行次第十一行偈開為三義初一行偈明化聲聞菩薩為成一人
誦上長行諸仏如来但教化菩薩諸有所作常為一事第二十方仏
土中下一行半偈明唯有一乘无二无三誦上長行如来但以一仏乘
故為衆生説法无有餘乘若二若三一切十方諸仏法亦如是第
三説仏智意故諸仏出於世下八行半偈辨明諸仏出世之意却
誦長行唯以一大事因縁故出現於世初二行明聲聞菩薩聞我所説

七一七 身。「仏知彼心行，故爲說大乘」者，結仏昔說大乘意也，亦即誦上唯
七一八 有諸仏乃能知之。仏初成道，知彼直往菩薩心行利根早悟，故早
七一九 爲說大乘。上來弟一明昔教意，誦上長行，隨宜說法，
七二〇 意趣難解，唯有諸仏乃能知之竟。自下弟二明今教意，誦上長行，
七二一 「唯以一大事因緣故出現於世」，乃至「一切十[一]方諸仏，法亦如是」。轉誦
之，
七二二 不依長行次弟。十一行偈，開爲三義。初一行偈，明化聲聞、菩薩爲成一人。
七二三 誦上長行「諸仏如來但教化菩薩，諸有所作常爲一事」。弟二「十方仏
七二四 土中」下一行半偈，明唯有一乘，无二无三。誦上長行「如來但以一仏乘
七二五 故，爲衆生說法，无有餘乘，若二若三」，「一切十方諸仏，法亦如是」。弟
七二六 三「說仏智恵故，諸仏出於世」下八行半偈，辯明諸仏出世之意，却
七二七 誦長行「唯以一大事因緣故出現於世」。初言「聲聞若菩薩，聞我所說

校注

【一】「十」，唐本似原作「千」。

法乃至於一偈皆成無仏疑者昔說大小二教各赴當機々時當機
同稟一教是之義云何答漸悟同大機未熟故爲之說小直往菩薩
大機已熟故早爲說大是以二教各赴當機々至靈山大會漸悟同
之與菩薩大機並熟同爲說大所以當機同稟一教是之故並云漸悟同
菩薩同我所說法乃至於一偈也皆成仏無疑者言稟教報並對
化發同菩薩爲成一人良由並理唯一無二是故漸同聲聞法
菩薩乃至一偈成仏無疑此理決定故無疑也皆成仏者由是長
行諸有所作常爲一事謂成仏事二以中十方仏土中唯有一乘
法無二亦無三者論上長行如來但以一仏乘故無有餘乘若二若
三一切十方諸仏法亦如是之謂無緣覺二乘無聲聞三乘乃混
上至下爲設教也雖仏方便說者此爲釋疑故來疑者云既無

七二八 法，乃至於一偈，皆成仏无[一]疑」者，昔説大小二教，各赴兩機，今明兩機，
七二九 同禀一教。是義云何？昔漸悟聲聞，大機未熟，故爲之説小。直往菩薩
七三〇 大機已熟，故早爲説大。是以二教各赴兩機。今至靈山大會，聲聞
七三一 之与菩薩大機並熟，同爲説大。所以兩機同禀一教，是故道言「聲聞
七三二 若菩薩，聞我所説法，乃至於一偈」也。「皆成仏无疑」者，禀教獲益。雖
七三三 化聲聞菩薩終爲成一人，良由道理唯一无二。是故聲聞菩薩聞《法
七三四 華經》，乃至一偈成仏无疑。此理決定，故无疑也。「皆成仏」者，由是長
七三五 行「諸有所作常爲一事」，謂成仏事。弟二段中，「十方仏土中，唯有一乘
七三六 法，无二亦无三」者，誦上長行「如來但以一仏乘故，无有餘乘，若二若
七三七 三」，「一切十方諸仏，法亦如是」。謂无縁覺二，亦无聲聞三，盖乃從
七三八 上至下爲次弟也。「除仏方便説」者，此爲釋疑，故來。疑者云：既无

校注

【一】「仏无」，唐本作「无仏」，中有倒乙符。

二ゝ无三句執以来昔說二乘是執釋云作仏方便說昔仏方便
說者二乘ゝ接道理无二无三但以假名字者ゝ為釋疑ゝ者云二
乘究是ゝ仏說意當真實是ゝ者是ゝ執釋云但以假名字說者二乘
非真實也引導於衆生者ゝ為釋疑執来疑者云二乘究是ゝ假
名字者何用說此虛假付為是ゝ執釋云引導於衆生ゝ生火宅
因此假名投於實利如種中說執初門仏时空捲度所乃其事
也
　自下第三弁所說仏出世之意ゝ卻論長行唯以一大事
因緣故出現於世八行半偈開為二義初四行偈明為一大事因緣
故出現於世終不為小第二若人信歸仏下有四行半偈引證印成
就初四行中開為四義初一行偈明為一大事因緣故出現於世第二半
偈終不用小乘度於物第三一偈釋前第一為大所由第四自證无上

七三九 二亦无三，何故如來昔説二乘？是故釋云：「除仏方便説」，昔仏方便

七四〇 説有二乘，今據道理无二无三。「但以假名字」者，亦爲釋疑。疑者云：二

七四一 乘既是仏説，應當真實是有？是故釋云：但以假名字，説有二乘，

七四二 非真實也。「引導於衆生」者，亦爲釋疑，故來。疑者云：二乘既是假

七四三 名字，有何用説此虚假法爲？是故釋云：引導於衆生令出火宅，

七四四 因此假名，獲於實利。如經中説「我初得仏[一]時，空捲[二]度一切」，即其事

七四五 也。自下弟三弁，明諸仏出世之意，却誦長行「唯以一大事

七四六 因緣故出現於世」。八行半偈，開爲二義。初四行偈，明爲一大事因緣

七四七 故出現於世，終不爲小。弟二「若人信皈仏」下有四行半偈，引證印成。

七四八 就初段中，開爲四義。初一行偈，明爲一大事因緣故出現於世。弟二半

七四九 偈，終不用小，濟度於物。弟三一偈，解前弟一爲大所由。弟四「自證无上

校注

【一】「仏」，《法華玄論》卷四、《法華統略》卷二作「道」。【二】「捲」，《法華統略》卷二先引作「捲」，後引作「權」，《法華玄論》卷四作「拳」。

道下一行半偈釋上第二從不用小濟度所以就初段中說佛智慧故
諸佛出於世者正明為大出現於世誦上長行諸佛世尊唯以一大
事因緣故出現於世長行以佛性為大事此是隱時之因也偈誦說佛
智慧以為大事此是顯時之果因果雖復不同莫不皆是大事也
一乘佛性是因顯成佛果名佛智慧為說佛智慧故諸佛出於世
也唯此一事實餘二則非真者舉真顯偽唯此一事實此舉真也餘
二則非真是顯偽也　　冒尹執第云无二亦无三亦云三云餘
二乘非真釋云由是一義第云无二者謂无緣覺二亦无三者謂
无聲聞三乘是之亦文餘二則非真也從不以小乘濟度於眾生
者以有用也從不用小濟度於物下第三段釋第一為大所由之佛自
得大乘妙其所得一乘妙法名妙其所得法此明自利德之意力莊嚴

七五〇 道」下一行半偈，釋上弟二終不用小濟度所以，就初段中，「説仏智恵故，
七五一 諸仏出於世」者，正明爲大，出現於世，誦上長行「諸仏世尊唯以一大
七五二 事因緣故出現於世」。長行以仏性爲大事，此是隱時之因。今偈誦説仏
七五三 智恵，以爲大事，此是顯時之果。因果雖復不同，莫不皆是大事。亦
七五四 可仏性是因，顯成仏果，名仏智恵，爲説仏智恵故，諸仏出於世
七五五 也。「唯此一事實，餘二則非真」者，舉真顯僞。「唯此一事實」，此舉真
也。「餘
七五六 二則非真」，是顯僞也。問曰：何故前云无二亦无三，今即言餘
七五七 二即非真？解云：由是一義，前云无二者，謂无緣覺二，亦无三者，謂
七五八 无聲聞三。還即是今文「餘二則非真」也。「終不以小乘濟度於衆生」
七五九 者，以者用也，終不用小濟度於物。下弟三段解前弟一爲大所由，由「仏自
七六〇 住大乘」，如其所得一乘妙法，名「如其所得法」。此明自利德，定恵力庄[一]
嚴。

校注

【一】「庄」，《廣韻・陽韻》：「庄」乃「莊」之俗字。

以此度衆生者化他德也一乘妙果實備万德稱爲常照之爲常稱
定量稱盡之莊嚴圓滿以此妙法度衆生　自異勢四擇上勅
二務不用小乘度所以佛如來自證無上道大乘平等法若以小乘
化乃至於一人我則墮慳貪此事爲不可爲是義故務不以小乘度
於衆生自貪大乘慳不與他故云我則墮慳貪也此事爲不可者一則
不可平等之理二則不可違佛之心　上來四偈明爲大事因
緣故出現於世務不爲小意自下第二引證印成四半偈引三義
爲證初一半偈引他爲證次一偈引自爲證後有一偈引本佛
爲證初云若人信歸佛如來不欺誑者舉彼信心歸於佛人證知
如來云不欺誑自得真法以爲乘與物故名爲欺實無二乘說二
誘他稱之爲誑如來自得大乘還以與物故不欺誑上云貪嫉之言者

七六一 以此度衆生者，化他德也。一乘妙果，實備万德。寂而常照，照而常寂，
七六二 定恵攝盡，庄嚴圓滿，以此妙法，濟度衆生。自下弟四釋上弟
七六三 二終不用小濟度所以。以仏如來「自證无上道，大乘平等法，若以小乘
七六四 化，乃至於一人，我則墮慳貪，此事爲不可」，爲是義故，終不以小乘濟度
七六五 於衆生。自貪大乘，慳不与他，故云「我則墮慳貪」也。「此事爲不可」者，
一則
七六六 不可平[一]等之理，二則不可諸仏之心。上來四偈，明爲一大事因
七六七 緣故出現於世，終不爲小竟。自下弟二引證印成。四行半偈，引三義
七六八 爲證。初一行半偈，引他爲證。次一行偈，引自爲證。後兩行偈，引本願
七六九 爲證。初言「若人信皈仏，如來不欺誑」者，舉彼信心皈於仏人證，知
七七〇 如來言不欺誑。自住真法，以僞乘与物，故名爲欺。實无二乘，說二
七七一 誘他，稱之爲誑。如來自住大乘，還以与物，故不欺誑。「亦无貪嫉意」者，

校注

【一】「平」，唐本亦似「互（㸦）」。

然不讃所由。若自貪真法。嫉妬衆生。以偏教与物。則名欺誑。良由内
心無貪嫉。云云是教。故云實不欺誑。斷諸法中悪者。擇無貪嫉云云
所以々斷一切諸法中悪。所以如来無貪嫉之教。仏於十方而獨無所
畏者。若有諸悪則觸處生畏。由仏斷一切諸法中悪。故於十方獨得
無畏也。引他為證意。自下第二引自為證。四義證成。第一明仏以其教
而嚴身。故知内無貪嫉。故不欺誑。第二明仏尚以身光照世。身業
莊嚴。故知内無貪嫉。故不欺誑。第三明仏為於無量大衆當仰。故非
貪嫉欺誑之人。第四明仏為衆說實教之印。々之實諸法。口業莊嚴教
大自信大乘。上二々他信。上二乘實教之理。恒常不改。譬之以印。引為證意
自下第三引本願為證。初一行偈正引本願。一切衆生普當成仏。後一行
偈明本願已滿。以願故化一切衆生。皆令入仏道。初發心時當願

七七二 解不誑所由。若自貪真法，嫉姤衆生，以僞乘与物，則名欺誑。良由内
七七三 心无貪嫉意，是故外言實不欺誑。「斷諸法中悪」者，釋无貪嫉意之
七七四 所以，以斷一切諸法中悪所以。如來无貪嫉意，故仏於十方，而獨无所
七七五 畏者。若有諸悪，則觸[一]處生畏。由仏斷一切諸法中悪故，於十方獨得
七七六 无畏也。引他爲證竟。自下弟二引自爲證，四義證成。弟一明仏以其相
七七七 好嚴身，故知内无貪嫉，外不欺誑。弟二明仏尚以身光照世，身業
七七八 益物，故知内无貪嫉，外不欺誑。弟三明仏爲於无量大衆尊仰，故非
七七九 貪嫉欺誑之人。弟四明仏爲衆説實相之印，印定諸法口業益物，故
七八〇 知自住大乘，亦令他住。亦可實相之理，躰常不改，譬之如印。引〔自〕[二]爲
證竟。
七八一 自下弟三引本願爲證。初一行偈，正引本願，一切衆生普皆成仏。後一行
七八二 偈，明本願已満，如願能益化一切衆生，皆令入仏道。初發心時，尚願

校注

【一】「觸」，右似有改動筆道，但不清楚，似作「斛」或「解」，據《法華義疏》卷四「以内有惡，觸處生畏」釋録。【二】「自」，唐本無，據文義補。《法華文句記》卷三：「故引自住而以爲證。」

一切衆生普當成仏況〻得仏而自住大乘与物小也
昔日仏初發心所化一切衆生普皆成仏〻之道未成仏云何說言以教昔
所化〻者已滿足　經云普於萬億集後与彼道徑菩提
記成仏〻法華大會化彼迴小大趣同同入一乘得遇一時出世總攝一
切衆生唯此有人是則一時化滿教云以教昔所化〻者已滿足也〻可
法華會前但化直往根性菩入一仏乘教本願未滿〻至靈山大會
化彼五乘之衆及六道衆生但於聞法華經舉手低頭合掌歡喜
者普當成仏是故經云以教昔所化〻者已滿足化一切衆生皆令〻
入仏道上來第一誦辯仏說教二之門竟　自下第二釋時衆疑
情此疑來意者近盡有義所言盡者明所說大小諸教皆令〻
衆生普當成仏時衆有疑云若以是者仏初出世遇衆生時何不

一切衆生普皆成[一]仏，况今得仏而自住大乘与物小也。問曰：仏初發心，願一切衆生普皆成仏，今並未成仏，云何説言「如我昔所願，今者已滿足」？解云：昔華嚴集後，与彼直往菩薩授記成仏。今法華大會，化彼迴小大聲聞同入一乘。釋迦一期出世，摠攝一切衆生，唯此兩人是則一期願滿，[二]故云「如我昔所願，今者已滿足」。亦可法華會前，但化直往頓悟菩薩入一仏乘，故本願未滿。今至霊山大會，化彼五乘之衆及六道衆生，但能聞《法華經》，舉手，低頭，合掌，歡喜者，普皆成仏。是故道言：「如我昔所願，今者已滿足。」「化一切衆生，皆令入仏道」，上來弟一誦辯。仏説教意門竟。自下弟二釋時衆疑情。此疑來意，有近遠兩意。所言遠者，明所説大小諸教，皆意令衆生普皆成仏。時衆即疑云：若如是者，仏初出世遇衆生時，何不

校注

【一】「皆成」，唐本作「成皆」，中有倒乙符。【二】此句，《法華義疏》卷四作「唯此二人普令作佛，則是一期願滿」。

可說一乘乃說三故所以言近者從前我本立誓願生仏世本願令一切
衆生普皆成仏故言如我昔所願今者已満足然如是者初仏生
世遇衆生時乃不可說一乘乃說三故為歎理此近遠有疑執此文
未九行半四義初一行偈明昔不得說一仏乘第二就此衆生下九行
行偈舉昔不得說一所以第三是之數舍利弗我為設方便下九之一行偈昔
既不得說一仏乘方便說权第四就雖說涅槃下一行半偈明雖說权
務為歎實初義我遇衆生盡教以仏道者此條衆疑情仏初出世設
遇衆生盡教以仏道者下之半偈就之辭遇无智者錯乱迷惑
不受教凡有三意一撰小教大有錯乱意二鈍根迷教有惑理意三
心不信受有誹謗意二乘小撰名无智者　　自今第二行昔不
得說一所以六行偈文同為三義初半行偈仏愍衆生无其善本第

即說一乘，乃說三耶？所言近者，從前「我本立誓願」生，仏既本願，願一切衆生普皆成仏，復[一]云「如我昔所願，今者已滿足」，若如是者，初仏出世遇衆生時，何不即說一乘，乃說三耶？爲歎釋此近遠兩疑，故此文來。九行半，四義。初一行偈，明昔不得說一仏乘。弟二「我知此衆生」下有六行偈，解昔不得說一所以。弟三「是故舍利弗，我爲設方便」下有一行偈，昔既不得說一仏乘，方便說權。弟四「我雖說涅槃」下一行半偈，明雖說權，終爲顯實。初「若我遇衆生，盡教以仏道」者，此⿰月條[二]衆疑情。仏初出世，設遇衆生，盡教以仏道者。下之半偈，就之辯過。「无智者錯乱，迷或不受教」，凡有三過。一機小教大，有錯乱過。二鈍根迷教，有或理過。三心不信受，有誹謗過。二乘小機，名无智者。自下弟二解昔不得說一所以。六行偈文，開爲三義。初半行偈，仏知衆生无其善本。弟

校注

【一】「復」，亦似「後」。【二】「⿰月條」，同「牒」。

二堅着於五欲下五行一句化亦衆生於處見悪根者三行是人難
度揔明如是无甚善本於處見悪人難以一乘妙法度之初三行就也
此衆生未曾脩善本者仏初生世説此衆生未曾脩行无執六波
羅蜜作成仏之基執云執知此衆生未曾脩善本於此所以仏
初生世遇衆生時必明説一自下第二於處見悪根中五行一句因為
二義初兩行半明起處患第二入邪見稠林下二行三句明生邪見
處是之處生之本見乘正理之原是之執偏説上可在家俗人多起處
患出家外道生邪見此二揔孫諸煩惱盡所以偏説執辟貪心中
在家處患辟婬息妻色外道邪見貪欲又悪鬼魅初處中更因
二義初半行偏明處是之悪因後兩行偏明受苦果初三行堅着於
五欲明起處之處生所處之身色聲香味觸是之其五塵生人欲心

二「堅著於五欲」下五行一句，仏知衆生有愛見悪根。弟三「如是人難度」，揔明如是无其善本，有愛見悪人，難以一乘妙法度之。初言「我知此衆生，未曾脩善本」者，仏初出世，知此衆生未曾脩行无相六波羅蜜作成仏之基，故云「我知此衆生，未曾脩善本」。有此，所以仏初出世遇衆生時，不得説一。自下弟二有愛見悪根中，五行一句，開爲二義。初兩行半，明起愛患。弟二「入邪見稠林」下二行三句，明生邪見。愛是受生之本，見乖正理之原，是故偏説。亦可在家俗人多起愛患，出家外道生邪見。此二揔攝諸煩惚盡，所以偏説故。《譬喻品》中，在家愛患，譬恠鳥毒虫；外道邪見，喻夜叉悪鬼。就初愛中，更開二義。初半行偈，明愛是悪因。後兩行偈，明受苦果。初言「堅著於五欲」，明起愛之處，出所愛之事。色聲香味皐[一]是其五也。生人欲心，

校注

【一】「皐」，同「觸」。

因中從果執名五欲愚〻癡衆生貪愛五欲如蛾投火煙得難捨
得為貪着〻癡愛執生惱者明其起愛貪着所由〻无明癡或濁亂
淨心狂執起〻愛執大涅槃經云狂執生貪乃其證也由起〻愛執當
墮地獄畜生餓鬼受諸苦惱現在退求〻乎心若或沒自惱或沒
惱他是〻執道〻〻癡〻愛執生惱上來第一明〻愛惡因竟下有八偈明
受苦果上〻癡〻愛執生惱是〻現報苦下明生報及後報苦〻有其三
一明五欲三塗中受苦是〻其生報二明五欲六趣中受苦色〻輪
迴六趣中備受諸苦毒明是〻後報三明五欲人中具受八種〻苦受
胎〻微形先得母腹中寢初一念果報識支託陰受胎執為受胎
從第二念已去名歌羅〻〻一七日已來如薄酪時稱曰微形世〻常增長
先經二七日如酪酪已去乃至有滿足及以生胎裏老已來涵漏胎

因中説果，故名五欲。愚癡衆生，貪愛五欲，如蛾投火，纏綿難捨，稱爲堅著。「癡愛故生惚」者，明其起愛堅著所由，由无明癡或濁乱净心狂故，起愛故。《大涅槃經》云「狂故生貪」，即其證也。由起愛故，當墮[一]地獄、畜生、餓鬼，受諸苦惚。現在追求，令身心苦，或復自惚，或復惚他，是故道言「癡愛故生惚」。上來弟一明愛悪因竟。下兩行偈，明受苦果。上癡愛故生惚，是現報苦。下明生報及後報苦。苦别有三。一明五欲三塗中受苦，是其生報。二明五欲六趣中受苦，既言輪迴六趣中，備受諸苦毒，明是後報。三明五欲人中，具受八種之苦，「受胎之微形」者，謂母腹中最初一念果報，識支託陰受胎，故名受胎。從弟二念已者，名歌羅羅。一七日已來如薄酪，時稱曰微形。「世世常增長」者，從二七日如疇[二]酪，已去乃至十月滿足，及以出胎衰老[三]已來，細論胎

校注

【一】「墮」，唐本在「墮」上增添筆畫。【二】「疇」，《佛説五王經》卷一作「稠」。【三】「老」，《干録字書》：「耂老，上俗下正」。由於「耂」下作「工」，是以易與「者」混。

然時人不同脂外運々新生之実執名世々常懐長此初瞻明生苦良
以生苦為八苦八苦之本是執先説薄徳少福人衆苦所逼迫者揔明
七々日苦々非一執名衆苦々能偪切名所逼迫
自下第二明生邪見初両行偈明見是悪因後之三句明受苦果初
云入邪見稠林者揔明起見一切凡夫見乖正理悉名邪見々々者
多譬若稠林是々別五見通名邪見也若有若無等者明有無二見
智度論云愛多者著有執起有見々々多者著無執起無見又云四
見多者著有執起有見邪見多者著無執起無見上一句常見之
者名為有見断見之者雖曰無見依止此諸見具足六十二者明六
十二見也大品経云譬如邪見揔六十二見別邪見為六十二見本大

八一七　有時分不同。胎外運運新生之異，故名「世世常增[一]長」。此則略明生苦，良
八一八　以生苦爲八苦。八苦之本，是故先説。「薄德少福人，衆苦所逼迫」者，揔明
八一九　餘之[二]七七日，苦苦非一，故名衆苦。苦能催切，名所逼迫。
八二〇　自下弟二明生邪見。初兩行偈，明見是恶因。後之三句，明受苦果。初
八二一　言「入邪見稠林」者，揔明起見。一切凡夫見乖正理，恙名邪見。邪見者
八二二　多，譬若稠林，是則五見通名邪見也。「若有若无等」者，明有无二見。
八二三　《智度論》云：「愛多[三]者著有，故起有見。見多者著无，故起无見。」又
云：「四
八二四　見多者著有，故起有見。邪見多者著无，故起无見。」亦可常見之
八二五　者，名爲有見。斷見之者，稱曰无見。「依止此諸見，具足六十二」者，明六
八二六　十二見也。《大品經》云：「譬如我見攝六十二見，則我見爲六十二見本。」
《大

校注

【一】「增」，唐本作「憎」，據《法華經》卷一改。【二】「餘之」，據馬德老師所發敦煌存此卷黑白照片釋録。【三】「多」上，彩本隱約有朱筆「見」。

品經又云一實爲本此法華經以爲无爲本此三並亦執邊由計爲
執執生諸見則執見爲本計爲執執執与陰一執与陰實執以一實
爲本執与陰一執陰藏則執藏使起斷見執与陰實執陰藏則
我存使起常見斷常爲是是爲无執以爲无爲本六十二見者如大
品經仏母品說周十四難義爲六十二見十四難者常无常論爲四
句邊无邊論爲四句如去不如去論爲四句合三四爲十二及身与神
異与神一合爲十四常无常論約五陰作之一陰具常无常等四句
四五合成廿邊无邊論亦約五陰作之一陰具邊无邊等四句四五合
成廿如去不如去論亦約五陰說爲廿故以一實爲本合爲六十二見也
深着者一是心法者所見境界皆是五陰假名无實是空是心所見說圍
就雜爲深着異文亦可捨者所見難融執情自發高者持此語

八三七 品經》又云：「一異爲本。」此《法華經》以有无爲本。此三並不相違。由計
有
八三八 我故生諸見，則我見爲本。計有我故，我与陰一。我与陰異，故以一異
八三九 爲本。我与陰一，故陰滅則我滅，便起斷見。我与陰異，故陰滅則
八四〇 我存。便起常見。斷常即是有无，故以有无爲本。六十二見者，如《大
八四一 品經·仏母品》說：「開十四難義，爲六十二見。」十四難者，常无常論有四
八四二 句，邊无邊論有四句，如去不如去論有四句，合三四有十二。及身与神
八四三 一，身与神異，合爲十四。常无常論，約五陰作之一陰，具常无常等四句，
八四四 四五合成廿。邊无邊論，亦約五陰作之一陰，具邊无邊等四句，四五還
八四五 成卄[一]。如去不如去論，亦約五陰，復有廿。及以一異爲本，合爲六十二見
也。
八四六 「深著虛忘法」者，明見境界，生死五陰，假名无實，是虛忘法。見能固
八四七 執，稱爲深著。「堅受不可捨」者，明見難離。「我慢自矜高」者，恃此諸

校注

【一】「卄」，同「廿」。

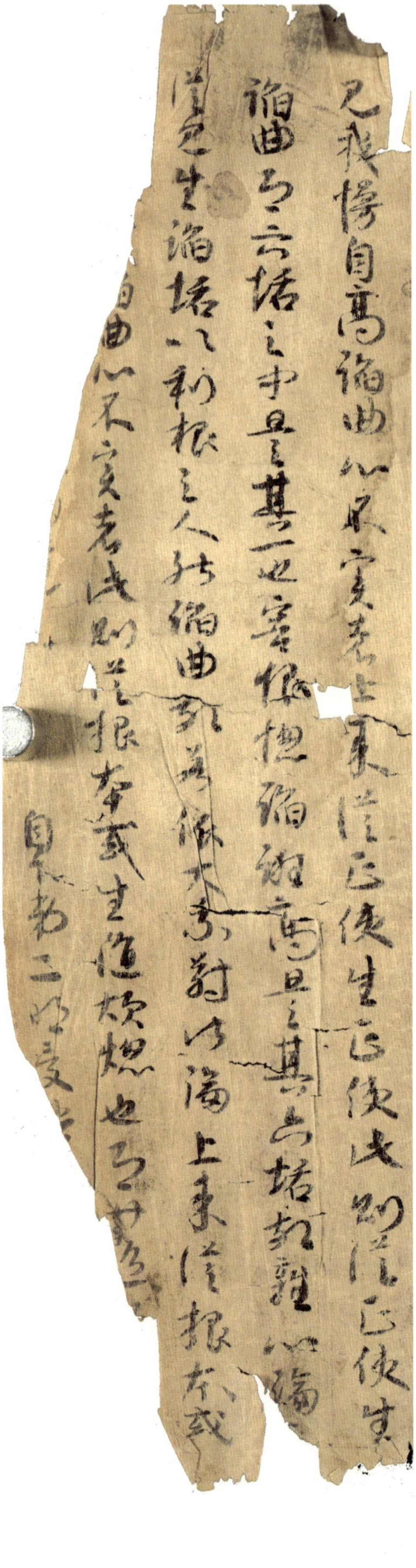

八四八 見，我慢自高。「諂曲心不實」者，上來從正使生正使，此則從正使生〔纏
垢〕[一]：
八四九 諂曲即六垢之中是其一也。害、恨、惱、諂、誑、高[二]，是其六垢。故《雜心
論》云
八五〇 「從見生諂垢」，以利根之人能諂曲故。若依大乘《對法論》，上來從根本或
八五一 □□□□諂曲心不實者，此則從根本或生隨煩惱也。即廿□□□□
八五二 ——自下弟二明受苦——

校注

【一】「纏垢」，唐本無，據《法華義疏》卷四補。【二】「高」，經文爲「憍」。《顯宗論》廿一曰：「煩惱垢六，惱、害、恨、諂、誑、憍。」

敦煌草書寫卷《法華經》疏釋本概述

《法華經》作爲初期大乘佛教的經典代表作之一，在中國佛教思想體系中被稱爲「衆經之王」，與《仁王護國般若波羅蜜經》和《金光明最勝王經》並稱「護國三經」，在佛教史上産生了深遠的社會影響，發揮過多方面的積極作用。《法華經》梵文經題爲 saddharma-puṇḍarīka-sūtra，藏文經題爲 དམ་པའི་ཆོས་པད་མ་དཀར་པོའི་མདོ，saddharma 漢譯爲妙法、正法、浄法等，對應藏文 དམ་པའི་ཆོས（དམ་པ：高等、正、妙等；ཆོས：法）；puṇḍarīka 譯爲蓮花，對應藏文 པད་མ་དཀར་པོ（白色的蓮花）；sūtra 譯爲經，對應藏文 མདོ。《法華經》成立於公元前後，或者公元前二世紀至公元三世紀，歷史上智顗以《法華經》立宗開中國佛教天台一脉，日本聖德太子親撰《法華經義疏》，日蓮奉《法華經》成立日蓮宗，足見《法華經》在整個東亞佛教世界中的影響。現存敦煌遺書中僅《妙法蓮華經》就有七千餘號，包括二卷本、七卷本、八卷本、九卷本、十卷本。十九世紀以來，《法華經》先後翻譯成英文、法文，梵漢對勘、梵藏漢對勘、梵文和譯等版本，推動了近代《法華經》研究。

一、《法華經》的成立與主要思想

（一）《法華經》的成立

公元前後，印度傳統的部派佛教被批評爲不再適應時代對宗教提出的要求，自利利他的大乘佛教應運而生，然而大乘佛教初期絶不是單一的僧團，菅野博史認爲：所謂大乘佛教不過是對印度一些地區或在同一地區的幾個信仰者群體所形成的各自不同的新的佛教思想，並根據這些思想制作各種大乘經典的佛教運動的概括。從而初期大乘佛教經典中的《般若經》《法華經》《維摩詰經》《阿彌陀經》等經典的創立者當屬互不相同的群體。〔一〕關於《法華經》的成立年代歷來頗有爭議，其中《法華經》各品是分階段不斷完善添加形成的説法認爲從公元前一世紀到公元一五〇年前後，《法華經》經過了四個階段最終形成。岡田行弘認爲關於《法華經》的産生時期和地域，比較合適的觀點是公元一五〇年之後的數年乃至數十年間在西北印度的犍陀羅産生。〔二〕

大乘佛教初期，以《般若經》爲首的「空」思想成爲大乘佛教的主流，而《法華經》所宣揚的「一切衆生皆可成佛」理論在古印度佛教世界內部應該很難占據重要的位置，但是從現存《法華經》的梵文原本出現的地域而言，《法華經》廣泛出現於西北印度、中亞及尼泊爾地區，這説明將經典本身就視爲佛的《法華經》思想在這些地域得到了廣泛認可。直到四世紀成立的《涅槃經》主張一切衆生皆有佛性，把一切衆生的內在佛性作爲成佛的根據。

〔一〕〔日〕菅野博史：《〈法華經〉的中心思想——以一佛乘思想爲中心》，《世界宗教研究》一九九六年第三期，第六八頁。

〔二〕〔日〕岡田行弘著，史經鵬譯《〈法華經〉在印度的形成及其思想》，《宗教研究》二〇一五年秋，第七頁。

（二）《法華經》主要思想

《法華經》作爲一部佛學經典，以火宅、窮子、藥草、化城、衣珠、髻珠、醫子等「法華七喻」生動地爲信徒詮釋了大乘佛教教義，與《般若經》《涅槃經》相攝，宣揚濟世及陀羅尼等思想，其中著名的《觀世音菩薩普門品》《從地涌出品》《化城喻品》《陀羅尼品》等單品不但爲中國佛教信仰增添了濃墨重彩，也造就了中國文學和哲學的雙豐收。

《法華經》最重要的宗教思想就是「一佛乘」，主張一切衆生皆可成佛，認爲釋迦牟尼佛分别以聲聞、緣覺、菩薩三乘教化衆生，是適應不同情況而採取的方便法門，並非佛之本懷，佛以種種因緣、譬喻、方便令衆生「得一佛乘，一切種智」。聲聞、緣覺僅是一時暫定的權宜説教，並不是永久不變和固定的，在他們成熟受教育以後，即可迅疾成佛。這種聲聞、緣覺、菩薩三乘均可成佛的思想被後人概括爲「開權顯實」「會三歸一」，會三乘之方便入一乘之真實，成爲《法華經》思想的代表。另外，《法華經·從地涌出品》明確説明了釋迦牟尼佛涅槃後受持弘揚《法華經》的主體是娑婆世界産生的無量地涌菩薩。他們作爲如來使者，受如來派遣，擔負弘揚《法華經》、救度無量衆生的重任，這種關注現實社會、救度現實民生疾苦的思想與同經《觀世音菩薩普門品》相互輝映，形象地把大乘佛教的悲願精神表現了出來。

二、《法華經》的版本

（一）梵文寫本

《法華經》曾在古印度、尼泊爾等地區廣泛流傳，域外喀什米爾、尼泊爾，中國新疆、西藏等地區均發現了其梵文寫本，包括殘片在内共計六十餘種。尼泊爾寫本保存較爲完整，大概爲十一世紀作品；喀什米爾版本多數殘片從字體來看爲五—六世紀作品，比較古老；新疆喀什等地發現的也均爲殘片，内容與尼泊爾版本接近，從字體來看，大致爲七—八世紀作品。除此之外，還有一九〇三年—一九〇六年日本西本願寺大谷探險隊隊員橘瑞超在新疆收集的笈多直體梵文《法華經》寫本七紙；一九〇六年九月，斯坦因在于闐卡達里克遺址發現的《法華經》貝葉兩葉；倫敦原印度事務部存的《法華經》貝葉三葉；一九二七年，德國地質學家艾米爾·特林克勒在莎車等地獲得的《法華經》紙本九張；最新發現的《法華經》寫本材料出自和田地區並於近年入藏中國國家圖書館和中國人民大學博物館，前者五葉已由北京大學葉少勇等校勘後發表於二〇一三年，後者兩葉已由中國人民大學張麗香校勘後發表於二〇一七年。〔一〕

〔一〕葉少勇等：《一組來自西藏的夏拉達體梵文貝葉經散葉的初步報告》（英文），*China Tibetology*，二〇一三年第一期。張麗香：《中國人民大學博物館藏和田新出〈妙法蓮華經〉梵文殘片二葉》，《西域研究》二〇一七年第三期。

儘管十九世紀以來，國外校勘出版了多種《法華經》寫本，但都屬於殘缺不全或曰不完整抄本，唯有我國西藏保存的梵文貝葉經寫本《法華經》最爲完整，現存四個不同時期寫本。據桑德、史桂玲考證，原藏於薩迦寺，編號爲第〇〇〇四號，全經共一百三十七葉，二百七十四面，每片貝葉長五十四釐米，寬五釐米，於一九八三年由中國民族圖書館整理，文物出版社出版，隨後於一九八八年由蔣忠新整理出版了拉丁文轉寫本。[一] 該寫本成書於一〇八二年（宋元豐五年），爲尼泊爾那瓦爾廓特・塔庫里王朝的最後一個國王商羯羅提婆時期，全經內容完整無缺，梵文手寫文字是俱胝羅字體。二〇〇六年，由蔣忠新整理，中國藏學出版社出版三個《法華經》寫本的拉丁文版，分別來自布達拉宮藏第〇〇〇五號和羅布林卡藏「藏編四一，現號〇四二〇」、「文一二三之一，歷四三〇-一，現號〇三七三」。布達拉宮寫本共計一百三十五葉，書寫年代不詳。羅布林卡藏現號〇四二〇號寫本共計一百五十八葉，寫於一〇六五年，由 **Rāhulabhadra** 抄寫，略有殘損；現號〇三七三寫本共計一百六十葉，寫於一〇六四年，內容完整無缺。

《法華經》的最新梵藏漢對勘版是日本已故著名佛教語文學家辛島静志編纂的 *A Trilingual Edition of the Lotus Sutra-New Edition of Sanskrit, Tibetan and Chinese Versions*，已於《創價大學國際佛教學高等研究所

〔一〕桑德：《西藏梵文〈法華經〉寫本及〈法華經〉漢藏文譯本》，《中國藏學》二〇一〇年第三期。史桂玲：《關於梵文寫本〈法華經〉》，《南亞研究》二〇一二年第三期，第一四七頁。

年報（二〇〇三—二〇〇六）》發表，此校訂本將《法華經》分爲小節，再將梵文及藏漢譯文並排處理。梵文本使用的是用吉爾吉特寫本和多件尼泊爾寫本校勘而成的校訂版，並與多件中亞系寫本並排處理。藏譯本使用的版本、寫本、斷片共計五種。漢譯本使用了《正法華經》和《妙法蓮華經》。〔一〕

（二）漢藏譯本

《弘贊法華傳》記載《法華經》先後存世有六個漢語同經異譯本，分别爲吴支疆梁接於魏甘露元年（二五六）譯《法華三昧經》六卷；竺法護於泰始元年（二六五）譯《薩芸芬陀利經》六卷，於西晉武帝太康七年（二八六）譯《正法華經》十卷；支道根於東晉成帝咸康元年（三三五）譯《方等法華經》五卷；後秦鳩摩羅什於弘始八年（四〇六）譯《妙法蓮華經》七卷；闍那崛多、達摩笈多於隋仁壽元年（六〇一）重勘補訂羅什譯本成《添品妙法蓮華經》。〔二〕

《開元釋教録》《弘贊法華傳》均記載《法華經》有六種漢譯本，但現存僅有竺法護譯《正法華經》，鳩摩羅什譯《妙法蓮華經》和闍那崛多、達摩笈多重勘《添品妙法蓮華經》三個版本，其中歷代在民間廣泛流傳和注疏講解的以鳩摩羅什本爲主。唐道宣在《妙法蓮華經弘傳序》中指出，「三經（三個版本）重遝，文

〔一〕［日］岡田行弘著，史經鵬譯《〈法華經〉在印度的形成及其思想》，《宗教研究》二〇一五年秋，第五頁。
〔二〕惠詳撰《弘贊法華傳》，《大正藏》第五十一册，NO. 二〇六七。

旨互陳，時所宗尚，皆弘秦本」〔一〕，從宗教層面肯定了《法華經》的現存三個漢譯版本，祇是「時所宗尚」羅什本。羅什本《妙法蓮華經》本爲七卷二十七品，後人將南齊法獻同達摩摩提合譯《提婆達多品》和北周闍那崛多譯《普門品偈》收入羅什本，構成七卷二十八品，分別爲：序品、方便品、譬喻品、信解品、藥草品、授記品、化城喻品、五百弟子授記品、授學無學人記品、法師品、見寶塔品、提婆達多品、勸持品、安樂行品、從地涌出品、如來壽量品、分別功德品、隨喜功德品、法師功德品、常不輕菩薩品、如來神力品、囑累品、藥王菩薩本事品、妙音菩薩品、觀世音菩薩普門品、陀羅尼品、妙莊嚴王本事品、普賢菩薩勸發品。《法華經》對於中國佛教影響巨大，歷史上出現了一系列僞作，如《妙法蓮華經度量天地品》等，在敦煌寫經和《卍續藏經》中也出現了附會《法華經》的僞作。

《法華經》藏譯本成書於八世紀中葉，由藏族譯師班迪祥納南·葉喜德和印度班智達酥冉陀羅菩提翻譯，現收録於藏文《甘珠爾》。〔二〕藏譯本《法華經》木刻版共計十三卷二十七品，分別爲：序品、方便品、譬喻品、信解品、藥草喻品、聲聞授記品、化城喻品、五百弟子授記品、阿南陀羅睺羅及兩千比丘授記品（授學無學人記品）、講經傳法品（法師品）、見寶塔品、勸持品、安樂行品、從地涌出品、如來壽量品、分別功德

〔一〕鳩摩羅什譯《妙法蓮華經》，《大正藏》第九册，NO.〇二六二。

〔二〕桑德：《西藏梵文〈法華經〉寫本及〈法華經〉漢藏文譯本》，《中國藏學》二〇一〇年第三期，第一三〇頁。

品、隨喜功德品、六根清浄功德品（法師功德品）、常不輕菩薩品、如來神力品、囑累品、藥王菩薩本事品、妙音菩薩品、觀世音菩薩普門品、陀羅尼品、妙莊嚴王本事品、普賢菩薩勸發品。

敦煌遺書中的漢譯《法華經》包括竺法護譯《正法華經》、鳩摩羅什譯《妙法蓮華經》和闍那崛多、達摩笈多重勘《添品妙法蓮華經》三個版本，以羅什本《妙法蓮華經》抄本數量最多。國家圖書館藏《正法華經》三號，《妙法蓮華經》則有兩千餘號，而英、法、俄、日等國存量有五千餘號。以下對三種主要漢譯本加以介紹。

其一，竺法護及其《正法華經》。

竺法護（二三一—三〇八），亦稱曇摩羅刹，月氏人，世居敦煌郡，八歲出家，禮印度高僧爲師，天資很高，博聞强記，篤志好學，所以日誦萬言，過目能解。泰始元年，竺法護攜帶大批經典返回東土，居於長安、洛陽，專事譯經，精勤行道，廣布德化，是鳩摩羅什以前譯經最多的大譯師，他的譯經涉及《般若經》《華嚴經》《寶積經》《大集經》《涅槃經》《法華經》等多部經典，舉凡當時流傳於西域各國的要典，他都作了介紹，這就爲大乘佛教在中國的廣泛流傳和發展，奠定了很好的基礎。東晉道安稱贊其譯經「護公所出，若審得此公手目，綱領必正。凡所譯經，雖不辯妙婉顯，而宏達欣暢，特善無生，依慧不文，朴則近本」；僧佑亦贊其「經法所以廣流中華者，護之力也」；晉代文人孫綽作《道賢論》甚至將之與竹林七賢中的山巨源相提並論，時稱「月氏菩薩」、「敦煌菩薩」。

《高僧傳》卷一《晉長安竺曇摩羅刹（竺法護）傳》記載竺法護「自燉煌至長安，沿路傳譯，寫爲晉文，所獲《賢劫》、《正法華》、《光讚》等一百六十五部」〔一〕，數量之大，可謂空前，但歷代各家經録對竺法護譯經的記載出入頗大。僧佑《出三藏記集》記載竺法護翻譯經典一百五十九部、三百零九卷，當時存在的寫本是九十五部。其後各家目録續有增加，唐代《開元釋教録》刊定竺法護譯本存在的凡九十一部、二百零八卷（現經重新對勘，實係竺法護翻譯的僅七十四部、一百七十七卷），其中有很多重要經典。另有十種竺法護譯本曾被認爲散失，現經判明仍然存在，但誤題爲別人所譯。這十種分別是：《無量清淨平等覺經》二卷、《般若三昧經》一卷（上兩種舊題支婁迦讖譯）、《舍利弗悔過經》一卷、《温室浴洗衆僧經》一卷、《迦葉結經》一卷、《㮈女耆域因緣經》一卷、《大六向拜經》一卷（上五種舊題安世高譯）、《舍利弗摩訶目犍連遊四衢經》一卷（舊題康孟祥譯）、《梵網六十二見經》一卷、《貝多樹下思惟十二因緣經》一卷（上兩種舊題支謙譯）。

太康七年（二八六），竺法護在長安譯出了《正法華經》，是《法華經》在中國最早的全譯本，後經印度沙門竺力和龜兹居士帛元信一再校訂，完畢後，竺法護向學徒「口校詁訓，講出深義」，又舉行檀施大會，向廣大聽衆日夜講説，爲《法華經》在整個東亞地區的廣泛流布奠定了基礎。

〔一〕（梁）釋慧皎：《高僧傳》，中華書局，一九九二，第三三頁。

其二，鳩摩羅什及其《妙法蓮華經》。

鳩摩羅什（三四四—四一三），梵文名 Kumārajīva，又譯鳩摩羅什婆、鳩摩羅耆婆，略作羅什，意譯童壽，與玄奘、真諦、不空並稱中國佛教四大翻譯家，東晉十六國時期的前後秦高僧。羅什父鳩摩羅炎出身天竺望族，後至龜兹，與龜兹王女婚配並生羅什。羅什七歲隨母出家，初學小乘，後到罽賓、沙勒，遇到莎車國大乘名僧，改學大乘。博讀大小乘經論，名聞西域諸國，在漢地也有傳聞。前秦建元十八年（三八二）苻堅遣呂光攻伐焉耆，繼滅龜兹，將羅什劫至凉州。三年後姚萇殺苻堅，滅前秦，呂光割據凉州，羅什隨呂光滯留凉州達十六七年。後秦弘始三年（四〇一）姚興攻伐後凉，親迎羅什入長安，以國師禮待，並在長安組織了規模宏大的譯場，請羅什主持譯經事業。羅什弟子衆多，有道生、僧睿、僧肇、道恒、曇影、慧觀、僧契、慧嚴、道融、僧遷、法欽、僧導、僧業、曇無成、僧嵩等，後世有什門四聖、八俊、十哲之稱。羅什譯經文義圓通、内容信實、字句流暢，在中國譯經史上有劃時代的意義，譯經總數説法不一，《出三藏記集》記載爲三十五部二百九十四卷，《開元釋教録》作七十四部三百八十四卷，主要有《大品般若經》《妙法蓮華經》《阿彌陀經》《金剛經》《維摩詰經》《中論》《百論》《十二門論》《大智度論》《成實論》等，系統地介紹龍樹中觀學派的學説。

鳩摩羅什譯《妙法蓮華經》譯文流暢、文字優美、譬喻生動、教義圓滿，道宣在《妙法蓮華經序》中説「自漢至唐六百餘載，總歷群籍四千餘軸。受持盛者，無出此經（《法華經》）。將非機教相扣，並智勝之遺塵。聞而深敬，俱威王之餘勳」。大乘佛教初期就有了「聲聞」「緣覺」爲二乘或小乘，以「菩薩」爲大乘的説法。《法華經》在這樣的背景下提出「開權顯實」「會三歸一」的思想，融會三乘爲一乘（佛乘），以「聲聞」「緣覺」二乘爲方便（權）説，終究要以成佛爲最終目標（佛乘），開啓了「回小向大」的門徑，這種大乘思想，也是本經的主旨所在，在佛教思想史上占有重要地位。

其三，闍那崛多、達摩笈多及其《添品妙法蓮華經》。

《續高僧傳》卷二等載闍那崛多爲北印度犍陀羅國富留沙富邏城（今巴基斯坦白沙瓦）人，俗姓金步，屬刹帝利種姓，童年在大林寺出家，二十七歲隨師闍那耶舍及同契共十人出境游方弘法。越葱嶺，涉流沙，到鄯州（今青海樂都）時死者過半，餘者於北周武成元年（五五九）到達長安，住草堂寺、四天王寺，後應譙王宇文儉之請，入蜀任益州僧主，住龍淵寺。因周武帝毁佛，被迫回國，途中爲突厥所留，同伴皆没，唯其獨存。隋開皇五年（五八五），文帝准曇延等三十餘人所奏，遣使請崛多東來，在長安大興善寺譯經，先後譯出《妙法蓮華經普門品重誦偈》《十一面觀音神咒經》《金色仙人問經》《佛本行集經》《大威德陀羅尼經》等共三十七部一百七十六卷，隋開皇二十年（六〇〇）圓寂，終年七十八歲。

達摩笈多，華言「法密」或「法藏」，南印度人，刹帝利種姓，兄弟四人，笈多居長。年二十三，至中印度出家，取名「達摩笈多」，年二十五受具足戒，繼而從師受學三年。後有阿闍黎普照，應吒迦國王之請，笈多隨同前往，歷游大小乘諸國，見識倍增，聞商人云東方大支那國佛法盛行，乃結伴來華，途中歷經艱險，費時數年，到達今甘肅敦煌。隋開皇十年（五九〇），文帝召其入京，禮遇優厚，後居大興善寺譯經。他「執本對譯，允正實繁。所誦大小乘論，並是深要」。其後，隋煬帝於洛陽上林苑設「翻經館」，譯人學士應詔雲集，從事譯經事業，其間他譯有《攝大乘論釋》等九部四十六卷，《續高僧傳》卷二稱贊其譯經「文義澄潔，華質顯暢」，唐武德二年（六一九），圓寂於上林苑。

闍那崛多與達摩笈多於隋仁壽元年（六〇一）在洛陽上林苑翻經館重勘補訂羅什《妙法蓮華經》譯本成《添品妙法蓮華經》。《添品妙法蓮華經序》云：「昔燉煌沙門竺法護，於晉武之世譯《正法華》；後秦姚興，更請羅什譯《妙法蓮華》。考驗二譯，定非一本。護似多羅之葉，什似龜兹之文。余撿經藏，備見二本，多羅則與《正法》符會，龜兹則共《妙法》允同，護葉尚有所遺，什文寧無其漏？而護所闕者，《普門品》偈也；什所闕者，《藥草喻品》之半，《富樓那》及《法師》等二品之初，《提婆達多品》《普門品》偈也。」闡明了添品法華成書的緣起。

三、《法華經》疏釋本簡説

（一）《法華經》注疏概況

《高僧傳》所列舉的講經、誦經者中，以講解《法華經》的人數最多。敦煌寫經現存五六萬號，其中與

《法華經》有關的寫本占比最大，除《法華經》寫本，還有一大部分注疏《法華經》的寫本存世，僅南北朝時期注疏此經的就達七十餘家。

中國佛教經典漢譯始於公元二世紀中葉，漢譯佛經的出現是佛教本土化的重要載體，爲中國人用漢語學習佛教奠定了基礎。佛教大藏經分爲經律論三藏，伴隨中國佛教的發展和研究的深入，詮釋經律論三藏成了佛教徒的重要解行手段，這種由注釋儒家經典而來的注疏傳統爲佛教在中國的發展打下了良好的基礎。另外，基於某部《法華經》注疏或贊等而形成的抄、決、決擇、釋、科文等也在敦煌文獻中大量存世。

中國的《法華經》注疏多以鳩摩羅什翻譯的《妙法蓮華經》爲底本，現存代表作有竺道生的《妙法蓮華經疏》，法雲的《法華義記》，智顗的《法華玄義》《妙法蓮華經文句》，吉藏的《法華玄論》《法華遊意》《法華經義疏》《法華統略》，窺基的《妙法蓮華經玄贊》等。如唐窺基撰《妙法蓮華經玄贊》，又名《法華玄贊》《法華經疏》，十卷或二十卷，已收入大藏經，敦煌遺書所藏大概有十七至二十號，〔一〕另上海博物館也收藏有此書傳世唐代寫本；隋吉藏撰《法華義疏》，原著卷數不詳，已收入大藏經；遼詮明撰《妙法蓮華經玄贊科文》，原著卷數不詳，是對窺基《法華玄贊》的科文，但與《法華玄贊》原文結構略有不同；慧沼的《法華玄贊義決》也是注釋窺基《法華玄贊》難義的重要著作。

〔一〕方廣錩：《敦煌遺書中的〈法華經〉注疏》，《世界宗教研究》一九九八年第二期，第七五頁。

（二）吉藏及《法華義疏》

吉藏（五四九—六二三），隋唐僧人。《弘贊法華傳》卷三稱他俗姓安，「本安息人也。祖世避仇，移居南海，因遂家於交廣之間。後遷金陵，而生藏焉。……其父將藏聽皇寺道朗法師講，隨聞領解。……開皇末歲，煬帝晉蕃置四道場，國司供給。以藏名解著功，召入慧日，禮事豐厚，優賞異倫。王又於京師置日嚴寺，別教延藏往彼居之。然京師欣尚，妙重《法華》，乃因其利即而開剖。……春秋七十有五，即武德六年五月也。……凡講《法花》三百餘遍，亦著玄疏，盛流於世」。可知，吉藏自幼依興皇寺法朗出家受業，後應隋晉王楊廣之請住揚州慧日寺。旋移居長安日嚴寺，弘傳佛法，完成「三論」（《中論》《十二門論》《百論》）注疏，創立三論宗。吉藏注疏頗豐，主要有《大品經遊意》一卷、《大品經義疏》十卷（卷二闕）、《金剛經義疏》四卷、《仁王經疏》六卷、《法華玄論》十卷、《法華遊意》一卷、《法華義疏》十二卷、《法華經統略》六卷、《涅盤經遊意》一卷、《三論玄義》一卷、《中觀論疏》十卷、《百論疏》三卷、《十二門論疏》三卷、《法華論疏》三卷等。

其中，《法華義疏》十二卷，又作《法華經義疏》《法華經疏》《妙法蓮華經義疏》。《新編諸宗教藏總録》卷一《三論宗章疏》介紹此疏係以三論宗之立場注釋《法華經》。全書初立部類不同、品次差别、科經分齊等三義，概説《法華經》大要，次解釋序品以下二十八品之文義。其中，部類不同者，明示諸經之部類凡七例，而以此二十八品本爲具足本；品次差別者，其下更開立生起次第、明具義多少、論品前後、明品有無、別釋序品等五義；科經分齊者，列舉各種關於經的分科之異説及己見。其次解釋二十八品，卷一至卷六乃解釋序品至譬喻品三品，卷七釋信解品，卷八釋藥草喻品至化城喻品三品，卷九釋五百弟子授記品至勸持品六品，卷十釋安樂行品至分别功德品，卷十一釋隨喜功德品至藥王菩薩本事品，卷十二釋其餘諸品。其中，獨缺普門品重説偈。本疏義解懇切，援引頗多。雖基於三論宗之立場，仍予《法華經》極高之評價，爲研究《法華經》不可或缺之文獻。〔一〕

吉藏的學説淵源於攝山學系。攝山自梁僧朗、陳僧詮相繼成爲江南三論宗發祥地。僧詮門下最傑出的即是興皇寺法朗。僧詮在攝山弘布三論及《般若經》，興皇法朗始兼講《涅槃經》，吉藏《法華義疏》中常引用《般若經》和《涅槃經》。

吉藏發揮大乘空宗學説，主張諸法性空的中道實相論，以「八不」（不生、不滅、不常、不斷、不一、不異、不來、不出）結合「真」「俗」二諦中道觀，説明宇宙萬有是「心」與「性」的表現，終「無所得」。即認爲從宇宙萬有的現象看是「緣起有」，就宇宙萬有的本體言是「自性空」。「緣起有」即非空無，「自性

〔一〕理净法師：《佛教文化與佛教教育》，宗教文化出版社，二〇〇七，第八六頁。

空」即非真有。非空、非有，即是「中道」。[一]這些思想也反映在《法華義疏》中。

（三）天津博物館藏《法華義疏鈔》

天津博物館藏津藝三〇四號，原定名《法華經義疏》，該寫本以薄楮寫經紙寫就，首缺尾殘，有水漬，文中有朱筆添補。

此敦煌寫本係抄自《法華義疏》卷三下部、卷四上部，大致是對《法華經》卷一方便品第二「慧日大聖尊」至「我有方便力，開示三乘法」所作疏釋。津藝三〇四與《法華義疏》都是對《法華經》的逐句逐段注釋，疏釋次序一致。不過津藝三〇四不是對《法華義疏》的簡單摘抄，而是有詳有略，部分文字還是《法華義疏》所没有的。兹舉例如後。如津藝三〇四第三三二行至三三九行大致對應《法華義疏》文字：

> 今次依《智度論》及《涅槃經》，言雖有四句不出二門，初之二句明能化門，後之二句明所化門。能化門中有大開之與曲示，所化門中有始悟之與終入，故此四門無義不攝。所言開者，衆生佛性名佛知見，佛性亦名一乘。《涅槃經》言：「畢竟有二種：一者莊嚴畢竟，二者究竟畢竟。莊嚴畢竟者謂六波羅蜜，究竟畢竟者一切衆生所得一乘。一乘者名爲佛性，以是義故我説一切衆生悉有佛性、一切衆生悉

[一] 張岱年主編《中國哲學大辭典》，上海辭書出版社，二〇一〇，第五九四頁。

有一乘，以無明覆故不能得見。」爲衆生故説佛性名之爲開，既爲衆生説則是爲衆生開，所以開佛性者，令衆生除無明煩惱，使得清淨。開佛性，則是德無不圓。使得清淨，謂累無不盡。

又，津藝三〇四第三四一行對應《法華義疏》「所言示者，曲示五性差別之義，故名爲示」。以下多行引《大般涅槃經》所作解釋，均不見於《法華義疏》及其他《法華經》注釋。津藝三〇四第四六〇行至四七二行則大致對應《法華義疏》「若我弟子自謂」至「知三一有無及權實也」這一千六百餘字。可見，津藝三〇四對於《法華義疏》已闡釋透徹的文字僅作摘引，對《法華義疏》未展開論述的内容則予以增補，也有對《法華義疏》的再解釋，並調整内部行文邏輯。所以，總體上看，津藝三〇四是對《法華義疏》的復疏。

吉藏的弟子中，智拔、智凱與智命均從吉藏受《法華經》，尤其智凱曾到京師跟隨吉藏研究《法華經》，見《弘贊法華傳》卷三、《續高僧傳》卷十四等。津藝三〇四並引吉藏《法華玄論》等，可推測作者是其後學。不過，津藝三〇四成於唐代，疏中已引用唯識學著作，如《大乘阿毗達磨集論》等。智命早卒，智拔卒於貞觀十四年，智凱卒於貞觀二十年，均不得聞玄奘所譯《大乘阿毗達磨集論》。所以，《法華義疏鈔》作者當是吉藏三傳弟子，是智拔弟子的可能性較大。《弘贊法華傳》卷三智拔：

初誦《法花》，日通五紙。經中妙理，略有規度，惟日期經諸佛出世之大意也。……承帝京上德吉藏法師，四海標領，三乘明匠，尋詣奉旨，欣擊素心，首尾兩遍，命令覆述。英俊鼓言，無非亂轍。藏親臨坐。拔問衆言：一乘爲雲，遂分爲三。亦可一乘爲雨，分爲三雨。衆無敢答。藏曰：拔公此問深得旨矣。

《法華義疏鈔》中所見思想即與此相契。

四、本册所收敦煌寫卷的書法特徵

二〇〇九年八月，文物出版社印《中國法書全集》（五）收録此卷一——三五七行。此次將三五八——八五二行一並印出，誠可寶貴。

文物出版社著録言：「紙本，草書，縱二十八點五釐米，横一千三百六十九釐米。草書《法華經義疏》，唐朝寫卷，現藏天津博物館。寫經質地薄楮寫經紙，共三十四紙，每紙二十七行，每行二十五、二十六字不等。烏絲欄，草書，墨色中匀。」此卷首尾皆殘，現存八百五十二行。

此卷書寫風格統一，文氣撲面，秀氣怡人。具體特點大致有二。

（一）行楷和今草統一流暢

此卷行草間用，處處洋溢着晉唐風致。從行書而言，此卷前十數行就能發現大量的行楷字，如：聖、衆、疑、没、偈、義、説、初、自、歎、塲、智、結、成、從、者、甚、竟、誦、緣、龍、鬼、演、機。這些字與晉唐楷書形似處一一可辨，表現出文人的傳承。余疑書者乃是一文人，而不是沙門。

再從部首的使用看，結字前後一致。如行書：門，皆用「门」（同今日簡化字），例字見聞、問、開。言旁，皆用「讠」，例字見説、誦、謗、論、謂、請、讚、許。氵旁，第二個點與提皆連寫，作し，同《草訣歌》「有點方爲水」，例字見没、泥。辶（辵部）旁，用行書和草書，「避、退、通、迦」用行書，「過」用草書。整齊畫一，又井然有序。

另從草書法看，今草通篇不亂，如兩、明、能、有、來、即、乘、尊、惠、教、斯、實、經、解、華、故、令、樂、虚、異，皆能從傳統《草書字典》中找到相同的字形。用字標準，中規中矩，没有一絲邪門外道之形，顯示出寫字人的文化修養。

凡釋敦煌草書寫卷，常在卷中遇到𦬇（菩薩）、卌（涅槃）等合體字，然此卷一七〇行「菩薩」作「𦬇」，二五三行則寫「涅槃」而不作「卌」，依此，余推測寫卷人不是沙門。

（二）異體字留下時代痕迹

自漢隸至北魏墓誌，出現大量的異體字（含俗體字），津博此卷亦不例外，此中保留了大量的異體字，成爲釋校的攔路虎，但爲充實唐代敦煌草書文字編增加了可靠的字例。由於現有計算機字庫不能包括所有這些字形，乃用拆字加補其他字形的方法。舉例如後：

「慢」、「鬘」之「曼」作「㬅」。「惱」，左旁或作「火」，右部或作「忽」。「劫」，右旁作「刀」。「惡」，上部「亞」作「西」。「怪」，右部作「在」。「順」，「川」部作「十」。

又如「局」之俗體。此卷字形上作「弔」，下作「口」，在卷中出現四次。釋校之中，困惑者久矣。後查秦公、劉大新《碑別字新編》（修訂本），見「局」字下，北魏崔勤墓誌和隋儀同三司王護墓誌與寫卷中之字形相同，遂依《碑別字新編》釋「局」，然亦疑似「居」。由此可見，釋校工作，非一蹴而就。

（吕其俊、吕義）

圖書在版編目(CIP)數據

法華義疏鈔 / 吕義，吕洞達編著. --北京：社會科學文獻出版社，2022. 1
（敦煌草書寫本識粹 / 馬德, 吕義主編）
ISBN 978-7-5201-9474-7

Ⅰ. ①法… Ⅱ. ①吕… ②吕… Ⅲ. ①《法華經》-研究 Ⅳ. ①B942.1

中國版本圖書館CIP數據核字（2021）第264746號

·敦煌草書寫本識粹·
法華義疏鈔

主 編 / 馬 德 吕 義
編 著 / 吕 義 吕洞達

出 版 人 / 王利民
責任編輯 / 胡百濤
責任印製 / 王京美

出 版 / 社會科學文獻出版社·人文分社（010）59367215
地址：北京市北三環中路甲29號院華龍大厦 郵編：100029
網址：www.ssap.com.cn
發 行 / 社會科學文獻出版社（010）59367028
印 裝 / 北京盛通印刷股份有限公司

規 格 / 開 本：889mm×1194mm 1/16
印 張：13. 25 字 數：103千字 幅 數：77幅
版 次 / 2022年1月第1版 2022年1月第1次印刷
書 號 / ISBN 978-7-5201-9474-7
定 價 / 498. 00圓

讀者服務電話：4008918866